サラリーマンによる
サラリーマンのため
の財テク教本

サラザイ

「苦《ク》ローン人間」から
「小金持ち」へ、
華麗なる変身のすすめ

岩井 健
Ken Iwai

文芸社

サラザイ＊目次

サラリーマンによるサラリーマンのための財テク教本

サラザイ

「苦《ク》ローン人間」から「小金持ち」へ、華麗なる変身のすすめ

まえがき

ある朝、数羽の鳥の鳴き声で目を覚ます。ここは軽井沢の別荘。ああよく眠った。ここは涼しいからぐっすり眠れるな。

さてと、今日は一日何をして過ごそうかな。まずは歯を磨いて顔を洗って、朝飯を作るのは面倒だから「クイーンズ」でモーニングサービスを食べることにしようか。たしか七時半からやっているはずだし、あそこの焼きたてパンは美味しい。食後は旧軽銀座をぶらぶらして、散歩がてらイーストまで行って「コロンビア」でシャツを買おう。あそこは米国サイズの大きいシャツが多いから。そのあと「プリンスパーラー」のテラスでゆっくりコーヒーを飲みながら、この間買っておいたシドニィ・シェルダンの『逃げる男』を読みきって、さて午後からは何をしようかな。そうだ、明日は「72《セブンツー》」でゴルフをする予定だった。練習場へ行って軽く打っておくか。最近運動不足ぎみだから、明日のラウンド中にぎっくり腰にでもなったら大変だしな。それとも久しぶりに林の中の遊歩道を小一時間歩いて、白糸の滝まで行こうかな。あの遊歩道は白樺やいろいろな木が茂っていて森林浴ができるし、いろいろな蝶々が飛んでいたりして見ていても楽しいし。ひょっとしたら鳩山さんが蝶々を追っかけているかもしれない。もし本当に見かけたらサインをもらいたいな。いや、芸能人じゃないからそれはやめておこう。そういえば、前回あの遊歩道を歩いた時には素敵なご夫婦と一緒になって、白糸の滝まで話をしながら歩いたけれど、とてもきれいな奥さんだったな。清楚で品があって、それでいてユーモアもあって、会話を楽しめた。まるで石田ゆり子と鈴木京香を足して久本雅美で割ったような人だった。それに引き換え旦那さんの方は、一見ごつくて怖そうな人で、感じとしては高橋英樹に赤井英和を加えて栃東で割ったような人だった。けれど話をしてみるとやさしくて、やっぱり人は見かけによらないものだと思ったっけ。お二人はたしか中軽井沢の別荘に避暑に来ていると言っていた。きっとお金持ちのご夫婦で、毎年夏は軽井沢で過ごしているのだろう。今日もまた会えるかもしれないな。白糸の滝に着いたら、入り口にある売店で採れたてのトマトを買って食べよう。歩いた後の冷たいトマトがまた美味しいんだ。

ああ、それにしても爽やかだな。都会の蒸し暑さがうそのようだ。今日のスケジュールを考えていたらまた眠くなってきた。急いで出かけることもないし、もう一眠りするか……。

リリリリリーン。

目覚まし時計のベルで目を覚ます。ここは東京のごく普通のマンション。月曜日の朝だ。

ああ、なんだ夢か。そうだよな、まだ別荘なんか買ってないもんな。また一週間汗水たらして働かなきゃいけないのか。しかしこのところの財テクの成果で、軽井沢の別荘もあながち夢ではなくなってきてるよな。よし、しんどいけど今週も頑張って働こう。夢の実現に向けて。

と、他愛もない夢物語から始めてしまいましたが、軽井沢に別荘を持つことが私の長年の夢なのです。夢を忘れないようにと思いながら、毎年盆休みになると必ず泊りがけで軽井沢へ行きます。もっとも、夏場の軽井沢はホテル料金が高いので、以前の宿泊先はたいてい小諸でした。昼間だけ軽井沢をうろつき、夜は小諸グランドキャッスルホテルに泊まって温泉につかったり、「ふじや」の手打ちそばを食べたりして過ごすというのが長年のパターンだったのですが、最近は懐具合も少しは豊かになってきたので、やっと軽井沢のホテルに泊まれるようになりました。

一昔前は、旧軽あたりを散歩していると、大きな犬を連れたお金持ち風の老夫婦に出くわすことがありましたし、レストランでモーニングサービスを食べていても、やはりそのような方が周囲にいらして、見るたびに憧れたものですが、最近はショッピングモールができたせいか、ずいぶんと人種が変わってしまった感があります。それでも軽井沢に対する私の憧れは変わりません。「マイ別荘」に向けて着々と準備を進めています。その手段が『サラザイ』なのです。

『サラザイ』とは「サラリーマンの財テク」を縮めた言葉で、私の造語です。その精神を簡単に言ってしまえば次の二点です。

（サラザイ基本理念）

① 生活費は額に汗して稼ぎ、贅沢をするための金は財テクで稼げ

② サラリーマンは共稼ぎをしなくてはいけない。ただし、夫婦での共稼ぎではなく、自分とお金との共稼ぎである

具体的な例でいうと、自分の住む家は給料＋ローンで買い、別荘は財テクで買いなさいということ。また、昼間自分が働いている間に自分のお金にも働いてもらって、さらにお金を生み出してくれる仕組みを構築することが重要だということです。

女性の社会進出は大切なことなので、夫婦の共稼ぎを否定するわけではありませんが、ご主人の稼ぎと財テクの稼ぎがあれば、奥様は少なくとも経済的な目的で働く必要はないわけです。趣味に打ち込むとかいろいろな選択肢が生まれてきますが、できれば地域社会のためにボランティア活動に精を出していただき、ご主人はたぶん仕事が忙しくてボランティア活動に協力する時間がなかなか取れないでしょうから、財テクの稼ぎからいくらかを寄付することで社会に貢献する。こうすれば家庭も潤い、社会も潤い、日本全体が活気づきますよね。「国が何もしてくれない」などと、政治のせいにばかりしていてはいけないのではないでしょうか。

突然宗教の話で恐縮ですが、我が家は代々真言宗なもので、弘法大師のお話などを京都の偉いお坊さんから聞かせていただく機会があります。何でも、弘法大師の言葉に「常楽《じょうらく》の果《かご》を期するは自利《じり》なり」というのがあって、意味は「永遠の楽しみを望むならば自分の利益をはかれ」ということだそうです。この場合の利益とは必ずしも経済的な利益だけをさすものではありませんが、自分が経済的に豊かでなければ、周囲の困っている人を助けることもできず、大富豪アルフレッド・ノーベルのように未来のために基金を残すこともなかなかできないという意味にもとれます。本来は修行の功を積んだうえでの話なのですが、私流に解釈すれば弘法大師も「自分の利益をはかれ」と言っているのですから、我々が財テクを遠慮する必要は何もありません。

また、創価学会では「現世の幸福」を求めるべきと説いておられるそうです。私は、池田大作名誉会長の訓話を直接聞く機会などありませんが、ある本を読んでの事を知りました。それまで、宗教というものは禁欲を強いるものだとばかり認識していましたが、さすがだと共感した次第です。

我々サラリーマンの世界では「あの人は株をやっている」などと陰口を叩かれる風潮がありますが、会社で仕事をしている間に自分のお金が働いてくれるだけですから、何も悪い事をしているわけではありません。

会社の仕事しかやらずに「俺は仕事人間だ」などと言っている人は、一家の主としての、あるいは自立した社会人としての仕事を半分サボっているようなものだと私は言いたいのです。

もちろん、親から多額の財産を相続した方や、若くして会社の経営者になられて高収入のある方などはこの限りではありません。しかし、そうでない我々にとって、何らかの財テクで「現世の幸福」を求める努力をすることは義務だと考えています。

サラリーマンの財テクにもいろいろな種類があります。私がこれまでに経験してきた財テクのあれこれを後の章でご紹介いたしますが、一番手っ取り早いのはなんといっても株式投資でしょう。株式投資による私の年間利益は、会社からもらう年収を上回るようになりましたが、ここまでくるのに二〇年かかりました。ちょっと時間がかかりすぎですよね。サラリーマンの株式投資の場合、まず種銭作りから始めなければならないので、どうしても年数がかかってしまいがちです。本書の『サラザイ』の精神をよく理解していただき、それを実行することで、読者の皆様は遅くとも私の半分くらいの年数で「小金持ち」になっていただきたいと思います。

世の中には、私よりはるかに効率よく稼いで大金持ちになっておられる方が大勢いらっしゃいます。私のような「小金持ち」クラスの人間が財テクを指南するなど、考えてみれば気恥ずかしい思いも若干あるのですが、私と同様に住宅ローンを抱えながら仕事に生活に追われている「苦《ク》ローン人間」の皆様に、少しでも早く「小金持ち」となって「現世の幸福」を享受していただきたく思い、この本を書きました。

私は「苦ローン人間」出身で、現在もサラリーマン「小金持ち」にすぎません。だから大金持ちになる方法は知りません。あくまでも、サラリーマンによるサラリーマンのための財テク教本としてこの本を書いたつもりです。経済評論家でも大学教授でもない私ですが、長年『サラザイ』を実践したことで多くの失敗経験を積んできたという自負はあります。この、つらく苦しい経験の部分は特に念入りに書いてみました。もちろん財テクの成功例も書いておりますが、私の貴重な(?)失敗経験を共有して、今後のリスク管理にぜひ役立てていただきたいと希望しています。長嶋茂雄さん曰く「失敗は成功のマザー」なのですから。

この本をお読みになって『サラザイ』を実行に移された皆様が、見事「小金持ち」になられることを心からお祈りいたします。私の半分以下の年数で。

第一章　サラリーマンの財テクのあるべき姿『サラザイ』

◉サラリーマン、真面目に働いてさえいれば立派なのですか？

これまでの社会では、学校を卒業して就職し、ひとつの会社に一生勤めて定年退職をすれば、あの人は真面目で立派だと周囲から言われてきました。しかし本当にそれで良いのでしょうか。まえがきで述べたとおり、「財テクも仕事のうち」というのが『サラザイ』の考え方です。仕事一筋という従来の生き方は、何か大切な仕事を怠けていると思わざるを得ません。

別荘を持ちたい、家族に楽をさせたい——。目的は何であれ、現在の生活水準を飛躍的に向上させるための努力が「もうひとつの仕事」です。

ただし、本業をおろそかにしてはいけません。あくまでも「もうひとつの仕事」として位置づけることです。財テクとしては若干効率が悪くなってしまうかもしれませんが、それでもいいじゃないですか。

基本理念①《生活費は額に汗して稼ぎ、贅沢は財テクの果実で》の精神でいくわけですから、あまり財テクに力を入れすぎてもよくないのです。

真面目に働くだけの人は、基本理念①の前半部分を頑張っているだけですから、必ずしも立派な人とは言えませんよね。

とは言っても、あまり財テクにのめり込みすぎるのも考えものではあります。

私が目にした失敗者の例をご紹介しましょう。仕事で外回りをした帰りなど、ちょっと証券会社に立ち寄ることがありました。店頭の顧客用端末を使って、自分の保有株の値段をチェックするためです。そこに同年輩の男性がいるのを時々見かけました。三〇代後半くらい、紺のスーツをバリッと着こなし、アタッシュケースを持った、いかにも営業マンらしい外見です。私と同じように仕事の途中に立ち寄っていたのでしょう。ところがそのうち、いつ行ってもその男性がいるようになりました。どうやら会社を辞め、財テクで生計を立て始めたようでした。

私もそのような生き方に大変興味を持っていたので、その男性が成功するかどうか注意深く観察することにしました。しかし、彼のトレードマークであった紺のスーツは、だんだんヨレヨレになっていくのです。やがて服装はポロシャツに変わり、ポロシャツがまたヨレヨレになっていき、いつしか姿を見せなくなりました。おそらく、財テクが思惑通りにいかなくて再就職したのでしょう。

このように、財テクで生計を立てるのはそうそう簡単に成功するものではないのです。仮に成功するとしても、日本には四〇〇〇万人のサラリーマンがいると言われています。その人たちがいっせいにこんなことを始めてしまったら、日本の経済は大変なことになり、株式市場は大暴落してしまいますから、簡単には成

新卒社員の離職率

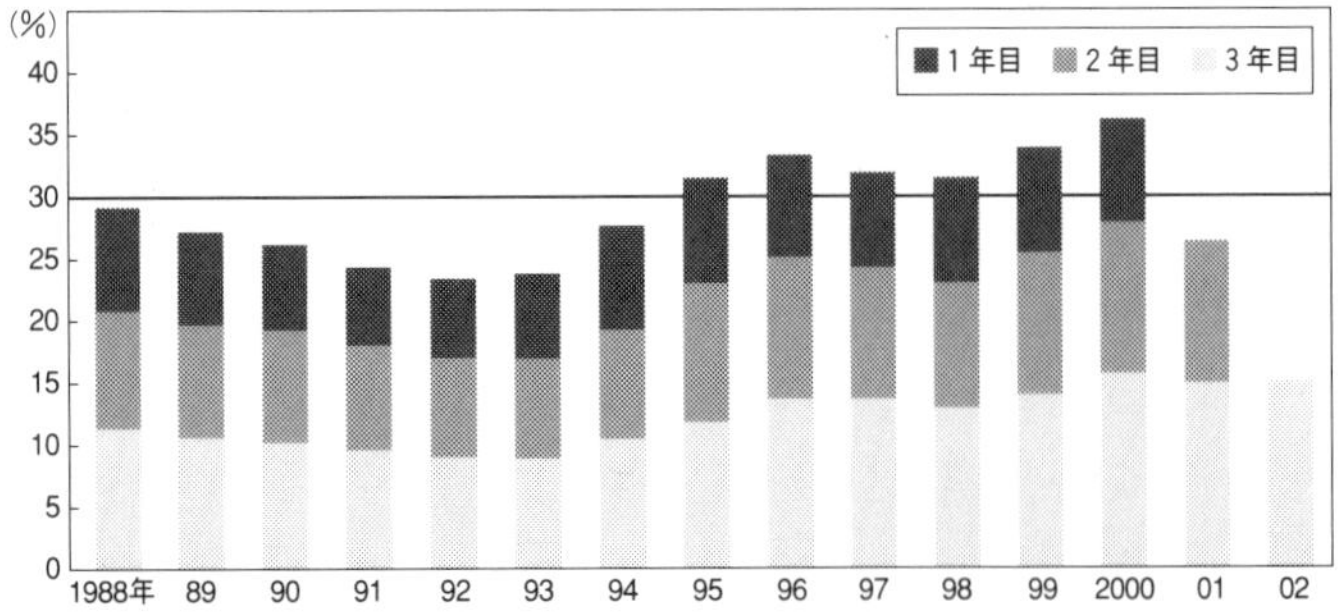

(注) 各年の3月末に大学を卒業して正社員になった人のうち1年目、2年目、3年目に離職した人の割合
(出所) 厚生労働省

功しないような仕組みになっているはずなのです。

上のグラフでもわかる通り、若年層の離職率が年々高まっています。

さまざまな理由で転職したり、フリーターになったりするのでしょうが、フリーターの方々に財テクはやってほしくありませんね。本業もきちんとやれないような人に財テクをやる資格はないはずです。まずは本業をしっかりやりましょうよ。

上司につべこべ言われ、いやな思いをしながらも、額に汗して地道に働くことこそがとても大事なのです。
しかし本当にそれだけで良いのでしょうか。

◉共稼ぎをしなくて「小金持ち」になれるでしょうか

『サラザイ』で言うところの共稼ぎとは、夫婦の共稼ぎではなく「自分とお金との共稼ぎ」です。夫・妻・お金のトリプル稼ぎ、つまり「トリ稼ぎ」でももちろんかまいませんが、金銭面以外のさまざまなことも考えると、やはり共稼ぎがベストではないでしょうか。というのは、仕事をするとどうしてもストレスや疲労が溜まりますよね。疲れた者同士が一緒に暮らしていると、余計な衝突を起こしたりして、うまくいくものもいかなくなっちゃうことがあるんですよ。その点、お金は黙々と働いてくれますし、フルに働かせてもストレスが溜まったり肩がこったりしませんから、家庭不和の原因にはならないのです。夫とお金がうまく共稼ぎをしている場合、妻の方はお金のために働く必要がありませんから、仕事をしたければすればよいし、そうでなければボランティアに精を出すなり、趣味に打ち込むなり、昼寝をして暮らすなり、生活の選択肢が格段に広がりますよね。

奥様がボランティアを選択なさった場合、ご主人も寄付などの形で協力せざるを得なくなります。これによって家庭ばかりでなく地域社会も潤い、日本全体が潤いのある社会へと変わっていくのではないでしょうか。

米国と違い、日本では企業が寄付をすることはあっても、個人が寄付をすることがとても少ないですよね。この日本人の余裕のなさ、何とかしたいですね。ただ『サラザイ』の初期段階においては、種銭を作るために夫婦による共稼ぎも有効です。

一人の稼ぎで小金持ちになるには、かなりの才能、かなりの年月、かなりの運、またはそれらの組み合わせが必要になってきます。「小金持ちになる」という目標を短期間で達成するためには共稼ぎが必要不可欠ですが、やはり夫婦の共稼ぎではなく「お金との共稼ぎ」を目指したいものです。社会に感謝されてこその小金持ちだということを考えれば、奥様は社会奉仕に回るのがベストではないでしょうか。人に恨まれたり妬まれたりしながら、金銭面だけの小金持ちになってもまずいでしょ。

余談ですが…

竹田和平さんという、日本一の投資家と呼ばれる方がいらっしゃいます。なんでも七〇社以上の上場企業の大株主になっておられるそうで、二〇〇四年四月十九日付の日本経済新聞のオピニオン欄にも竹田氏のインタビュー記事が掲載されていましたが、この方のすごいところは、ご自分の誕生日と同じ日に生まれた日本全国の赤ちゃん全員に、純金のバッジを贈っているそうなのです。

毎年の費用は相当（三〇〇〇万円くらい？）かかるはずですが、もらった人もご両親も「生まれながらにしてツイている」と喜びます。このように世の中が明るくなってくれることを、竹田さんはご自分の喜びとしているのだそうです。この話を新聞や雑誌のインタビュー記事で読んで、まさに『サラザイ』の鑑だと感心しました。

竹田さんはサラリーマンではなく、お菓子メーカーの社長さんです。したがって厳密には『サラザイ』に当てはまりません。しかし、儲けたお金を独り占めすることなく、社会を明るくするために使うことのできる広い心の持ち主です。竹田さんのような、心に潤いのあるお金持ちこそが『サラザイ』の理想の姿ですね。

◉サラリーマンの財テク、それが『サラザイ』です

『サラザイ』の精神は、すでに述べたとおり、

①生活費は額に汗して稼ぎ、贅沢をするための金は財テクで稼げ

②サラリーマンは共稼ぎをしなくてはいけない。ただし、夫婦での共稼ぎではなく、自分とお金との共稼ぎである

でありますが、その求めるものは単に経済的な面ばかりではありません。精神面、健康面でも大きな効果が期待できます。たとえば、いつでも会社を辞められる経済状態で仕事をする、それだけでもサラリーマンの胃潰瘍の九〇%は防げるのではないかと思われます。これはサラリーマンにとって理想的な生き方ですよね。

胃潰瘍に限らず、ガンでも脳梗塞でも、病気の主な原因はストレスですから、ストレスを招く要因は極力排除したいものです。

また、教育費に充分なお金が回せるようになれば、お子さんやお孫さんを留学させたり、大学院へ行かせたりすることも容易になります。充分な教育を受けさせる選択肢が増えて、日本の将来も明るいものになっていくのではないでしょうか。

このように『サラザイ』は経済面のみならず、ご自分の健康や地域社会、さらには日本の将来にまで好影響を及ぼすのです。単なるお金儲けと違って、非常に有意義なことだとお思いになりませんか。

◉『サラザイ』と「更財」、同じ発音でも意味は大違い

『サラザイ』が「サラリーマンの財テク」を縮めた造語であることは既に述べましたが、同じ音の言葉として、もうひとつ提唱したい言葉があります。それは「更財」です。

この二つの言葉、『サラザイ』と「更財」には大きな違いがあります。『サラザイ』は、生活費は本業で稼ぎながら財テクを行うものに対して、「更財」は文字どおり「更に財を成す」、あるいは「すでにある財産を更に殖やす」という意味で使い分けをしています。

たとえば、長年勤めた会社から退職金をもらって、現在は年金で生活をされている方、あるいは一生暮らせるだけの貯えを確保し、早めの退職（ハッピーリタイアメント、略してハピリタ）をして悠々自適の生活をされている方、またはお金持ちの奥様などが、現在保有している資産を投資によって更に殖やそうとする行為はまさに「更財」であって、我々サラリーマンが励んでいるところの『サラザイ』とは区別して考えています。

私も早く一生喰っていけるだけの財産を作り、定年を待たずに「ハピリタ」をして、『サラザイ』から「更財」へと転身したいものですが、なかなか簡単にはいきません。しかし、決して不可能ではないぞという実感も持ちつつある今日この頃です。

そんなわけで、現在の私には「更財」に関するアドバイスをする資格がまだありません。アドバイスしても空論になってしまいますので、差し控えておきます。次の章以降では、私の実体験に基づいて『サラザイ』のあるべき姿について述べさせていただきます。

第二章 手の届くところにある幸福をしっかりつかむには

◉株式投資こそ『サラザイ』の基本です

財テクにもいろいろありますが、『サラザイ』の中心になるのはやはり株式投資でしょう。

もしあなたが上場企業の社員であるならば、自社株を保有することは絶対条件です。そうでない方は、身内や親しい人が勤めている会社の株を長期保有の目的で購入するところから始めてみてはいかがでしょうか。長期保有の目的で株を買うということは、純粋な投資であって「投機」や「博打」とはまったく違うもののですから、決して怖がる必要はありません。

株を持つと、日本経済新聞は必ず読むようになりますし、テレビ番組でも小谷真生子さんの「ワールドビジネスサテライト」や矢吹藍子さんの「モーニングサテライト」などのニュース番組を見るようになって、経済動向や世の中の動きが徐々に見えてくるものです。まさに「株式を持って開ける社会の窓」ですね。

ただし、株式投資にもいろいろなやり方があって、サラリーマンとして絶対にやってはいけないことがあります。それは「信用取引」です。

信用取引というのは、証券会社に預けている現金や株券を担保にして、担保総額の三倍くらいまで株を買うことができる制度です（証券会社により多少の違いがあります）。

要するに、現金や株券を担保に入れて証券会社からお金を借り、それを資金として株を買う制度なのです。この制度を利用すると、自分の資金力以上の株数を購入することができますから、大きな利益が期待できる反面、大きなリスクも負うことになります。万一、株が暴落したような場合には大きなダメージを受けてしまいます。特に、株を担保として信用で株を買う、いわゆる二階建ての取引をしている場合、相場全体が下落した局面ではあっという間に「追証《おいしょう》」（追加担保を要求されること）が発生することになり、えらい目にあいます。

株式投資を『サラザイ』として成り立たせるには、仕事中は株のことを一切考えずに仕事に集中できることが条件ですが、追証が発生したとき、または発生する可能性があるときには、どうしても仕事中に株のことが頭にチラつきます。『サラザイ』として株式投資をする以上、信用取引はやってはいけません。絶対にだめです。……でも信用取引をしないと、なかなか「小金持ち」になれないのも事実なんですよね。

それともうひとつ、投資で成功するために大切な点は、良い証券マンをつかんでおくことだと思います。近年インターネットを使った株取引が急増していますが、株式を熟知したプロ級の投資家ならいざ知らず、我々サラリーマン投資家の場合には証券マンを自分の投資顧問として大いに利用すべきです。彼らの持っている知識や情報は絶対に活用すべきですよ。

また、情報はタダだと思っている方がいらっしゃったら、その考えは即刻捨ててください。

インターネット取引に比べて、証券マンを通しての取引は手数料がかかるぶん割高になりますが、投資顧問料だと思えば安いものじゃないですか。

もっとも証券マンのなかには、手数料稼ぎをする人もいますので、その点には注意が必要です。たとえば「この株は一〇〇円くらいすぐ上がりますよ」と勧めておいて、二〇円ほど上がったところで「ひとまず売っておきましょう」などと言われるケースです。「おいおい、一〇〇円上がるんじゃなかったのかよ」と思いつつも、プロのアドバイスですから大概は言うとおりにしてしまうのですが、こんなことが続くようでしたらその証券マンは要注意。早めに縁を切ったほうがいいでしょう。

証券マンというのは、顧客がいくら儲けたかではなく、顧客からいくら手数料をもらったかで成績が決まるのです。会社によっては証券マンに手数料のノルマを課している場合もありますから、手数料稼ぎもやむをえないところでもあります。

ですから同じ一〇〇円上がる株でも、じっくり時間をかけて一〇〇円上がるのを待つよりも、二〇円ずつ五回にわけて利益をとった方が、五倍の売買手数料を受け取れて証券マンは得をするわけですが、これをしょっちゅうやられては、顧客はたまったものではありません。

「ブブカ理論」といわれるものがあります。

史上最強の棒高跳び選手といわれたセルゲイ・ブブカ（ウクライナ）は、世界新記録を樹立するとスポンサーからボーナスをもらえる契約を結んでいました。彼は何度も世界新記録を樹立し、そのたびにボーナスを手にしたのですが、彼の世界新記録というのは、これまでの記録を大幅に更新することはけっしてなく、従来の記録をほんの少し上回るものでした。たまたまそうなったのかもしれませんが、結果的には小刻みに記録を更新することで、何度もボーナスを手に入れることになったわけです。

証券マンと手数料の関係にも、この「ブブカ理論」は当てはまります。

良い証券マンを掴んでおくことは大事な財産です。

株式投資初心者のために、ここで少し、株の買い方の基本について触れておくことにします。

私の場合、株式投資では現在それなりに儲かっています。ここまでくるのに二〇年かかりましたが、ようやく本業の収入を上回る規模になりました。私の投資方針といいますか銘柄を選ぶ条件として、次の四つの基準があります。

① 赤字から黒字へ転換する銘柄

② 無配から復配する銘柄
③ 不採算部門の売却等で業態が変わる銘柄
④ 低ＰＥＲ、高ＲＯＥの銘柄（用語の説明は45～46ページ）

この四条件をすべて満たしている銘柄があれば、借金をしてでも買いたいですね。

もしあなたが初めて株を買うのであれば、最低限、次の1～4くらいは理解した上で、銘柄を選ぶ判断材料にしてください。

1　株式欄の読み方

新聞の株式欄というのは競馬新聞と一緒で、読み慣れない方にはわかりにくいのですが、さほど複雑なルールがあるわけではありません。いくつかの決まりごとさえ理解すれば、どなたでも株価の動きをチェックすることができます。せっ

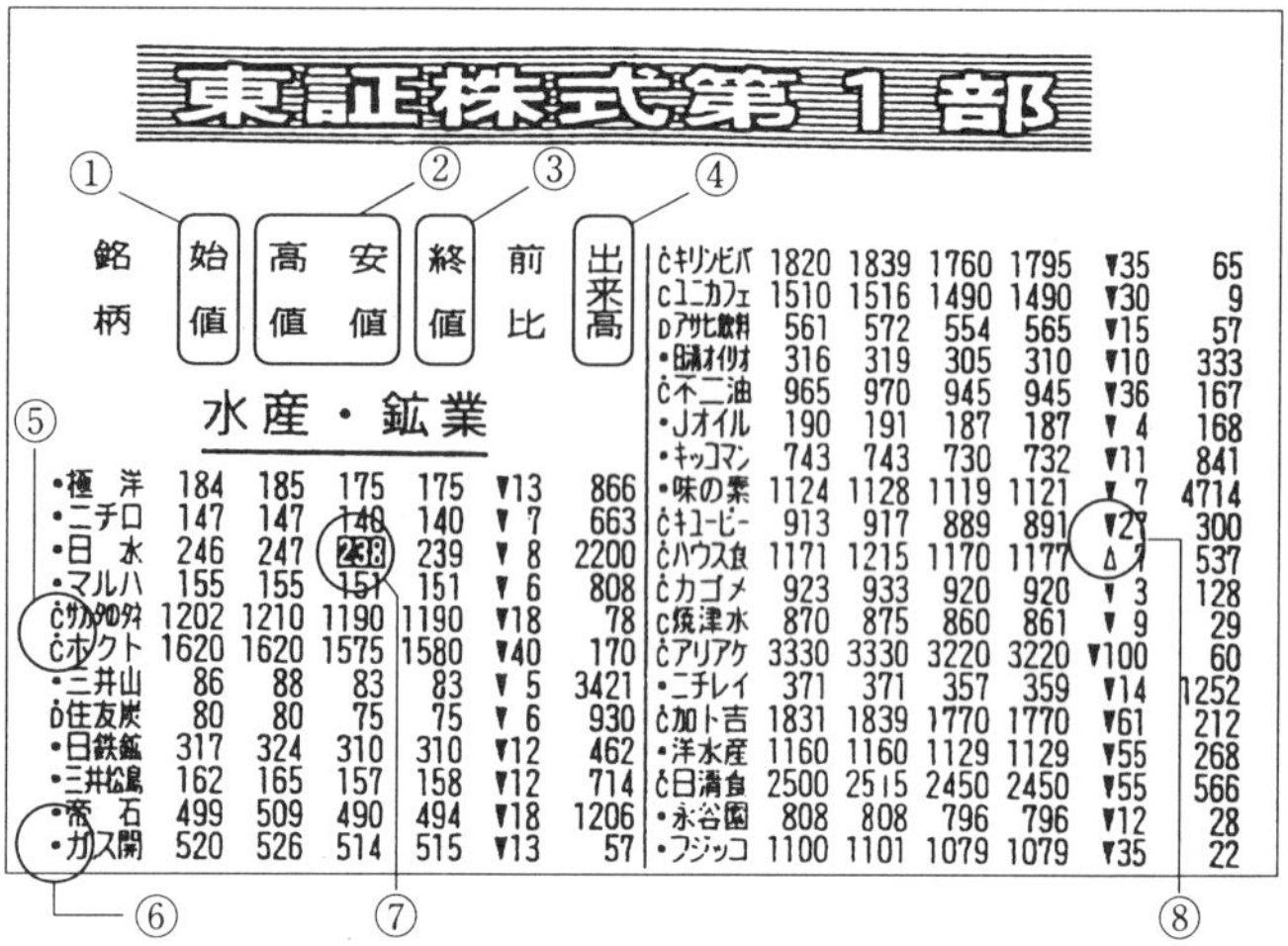

東証株式第1部

銘柄	始値	高値	安値	終値	前比	出来高
水産・鉱業						
•極　洋	184	185	175	175	▼13	866
•ニチロ	147	147	140	140	▼ 7	663
•日　水	246	247	238	239	▼ 8	2200
•マルハ	155	155	151	151	▼ 6	808
Cサカタのタネ	1202	1210	1190	1190	▼18	78
Cホクト	1620	1620	1575	1580	▼40	170
•三井山	86	88	83	83	▼ 5	3421
D住友炭	80	80	75	75	▼ 6	930
•日鉄鉱	317	324	310	310	▼12	462
•三井松島	162	165	157	158	▼12	714
•帝　石	499	509	490	494	▼18	1206
•ガス開	520	526	514	515	▼13	57
Cキリンビバ	1820	1839	1760	1795	▼35	65
Cユニカフェ	1510	1516	1490	1490	▼30	9
Dアサヒ飲料	561	572	554	565	▼15	57
•日清オイリオ	316	319	305	310	▼10	333
C不二油	965	970	945	945	▼36	167
•Jオイル	190	191	187	187	▼ 4	168
•キッコマン	743	743	730	732	▼11	841
•味の素	1124	1128	1119	1121	▼ 7	4714
Cキユーピー	913	917	889	891	▼27	300
Cハウス食	1171	1215	1170	1177	△7	537
Cカゴメ	923	933	920	920	▼ 3	128
C焼津水	870	875	860	861	▼ 9	29
Cアリアケ	3330	3330	3220	3220	▼100	60
•ニチレイ	371	371	357	359	▼14	1252
C加ト吉	1831	1839	1770	1770	▼61	212
•洋水産	1160	1160	1129	1129	▼55	268
C日清食	2500	2515	2450	2450	▼55	566
•永谷園	808	808	796	796	▼12	28
•フジッコ	1100	1101	1079	1079	▼35	22

①始値（はじめね）　９時に市場が開いて、最初に成立した取引（寄り付きという）の値段

②高値・安値　その日の最も高い値段と安い値段

③終値（おわりね）　その日の最後に取引された値段。市場が開くのは９時～11時と12時30分～15時

④出来高　その日に取引が成立した株数。売買単位が無印の銘柄は、表記された数字の1000倍が実際の出来高（売買高）

⑤売買単価　普通は1000株（口）を１単位として取引される。無印は1000株。朝日新聞ではCが100株、Dが500株。新聞によって表記が違うので注意

⑥貸借銘柄　・印は信用取引ができると取引所が認めた銘柄

⑦白抜き数字　年初来の安値（もしくは高値）

⑧前日比　△が高、▼は安、－は取引が成立せず（もしくは前日比なし）、○は前日と変わらず

※新聞によって凡例などは異なるが、掲載内容はほぼ同じ（上記は朝日新聞の例）

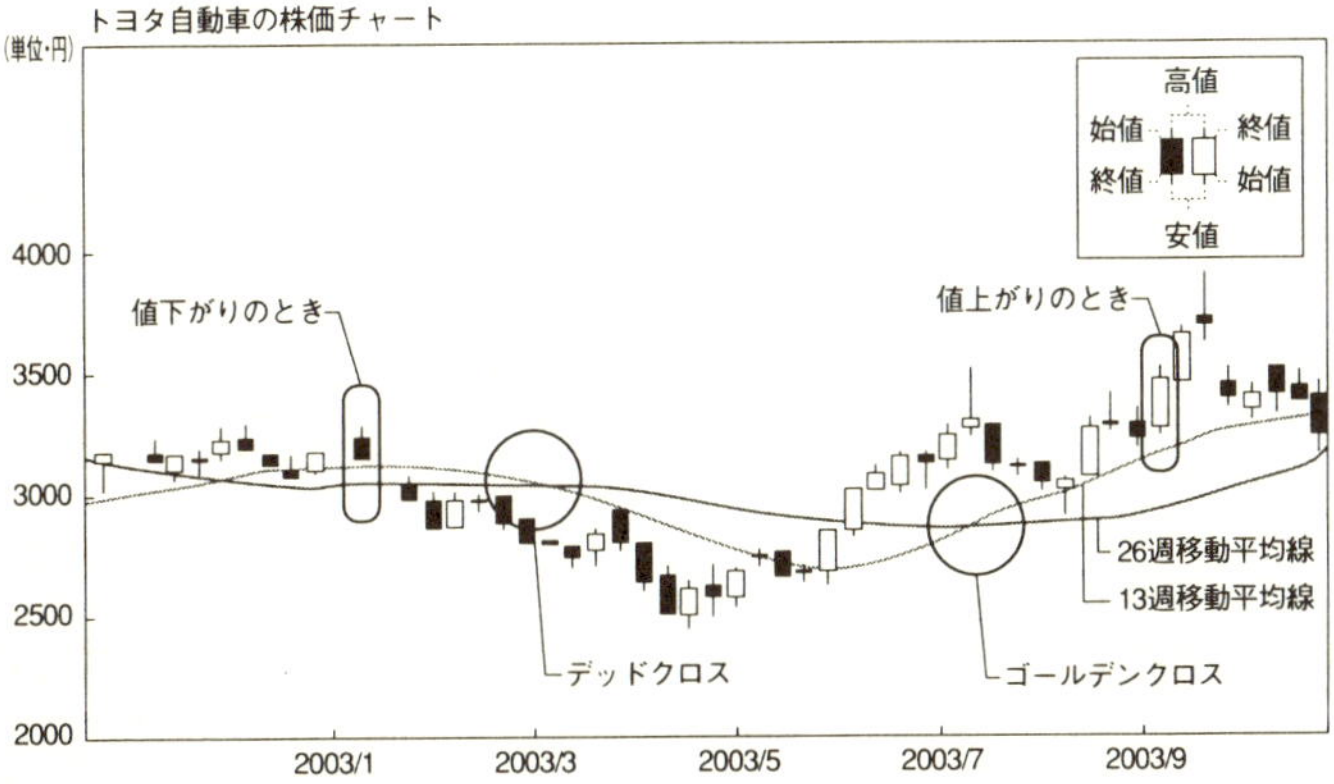

かく新聞が多くの紙面を株式情報に割いてくれているのですから、大いに活用しましょう。

2　チャートの読み方

グラフを形成している棒のことを「足」とか「ローソク」と呼びます。始まりの株価よりも終わりの株価が高ければ白棒、終わりの株価が低ければ黒棒になります。一日の株価の動きを示す足（日足）が白いときは、その日の終値が始値よりも高かったことを表し、一週間の株価の動きを示す足（週足）が黒いときは、週末の株価が週初よりも低かったことを表します。また、ローソクの上下にヒゲ

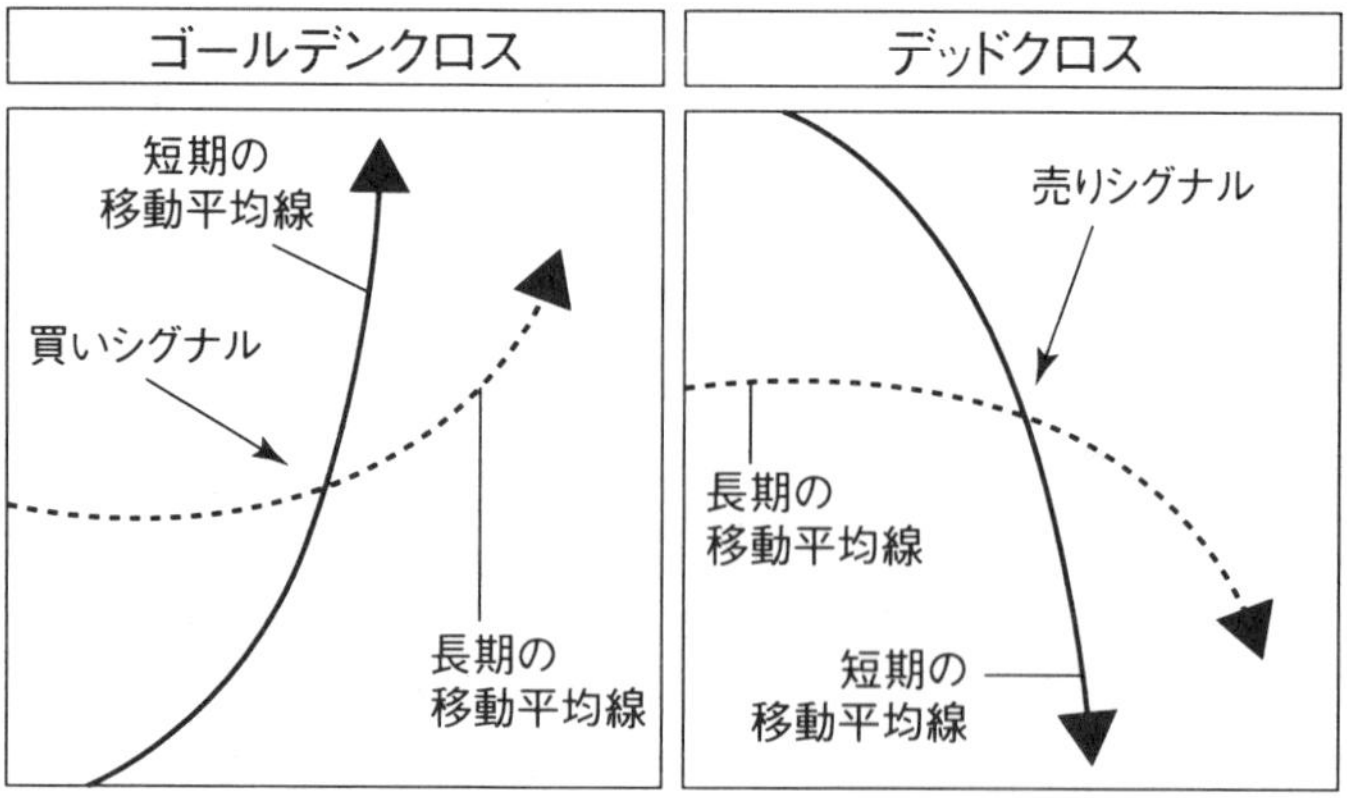

がついている場合がありますが、これはその期間の最高値と最安値を表しています。上昇傾向にある株のチャートは、白が多めになるのが普通です。

チャート分析のなかで最もポピュラーなシグナルといえるのが「ゴールデンクロス」と「デッドクロス」です。どちらも証券マンと話をしていると良く出てくる言葉ですので、意味を理解しておいてください。

「ゴールデンクロス」とは、短期の移動平均線が長期の移動平均線を下から上へクロスすることで、短期の上昇力が強いということから買いのシグナルと判断されます。反対に

「デッドクロス」というのは、短期の移動平均線が長期の移動平均線を上から下へクロスすることで、短期の下落速度が速いことから売りのシグナルと判断されます。

3　売買注文の仕方

注文方法は「指し値」と「なりゆき」の二つが基本です。

「指し値」注文とは、「株価がいくらになったら買ってくれ」とか「いくらで売ってくれ」というふうに、売買する株価をあらかじめ決めておいて注文を出す方法です。株価が決まっているという点では安心ですが、株価の動きによっては売買が成立しない場合もあります。

「なりゆき」注文とは、たとえば「朝一番の寄り付きで買ってくれ」というような注文の出し方です。売買はまず確実に成立しますが、いくらで売買されるかわからない不安があります。私の場合、買いは「なりゆき」、売りは「指し値」の場

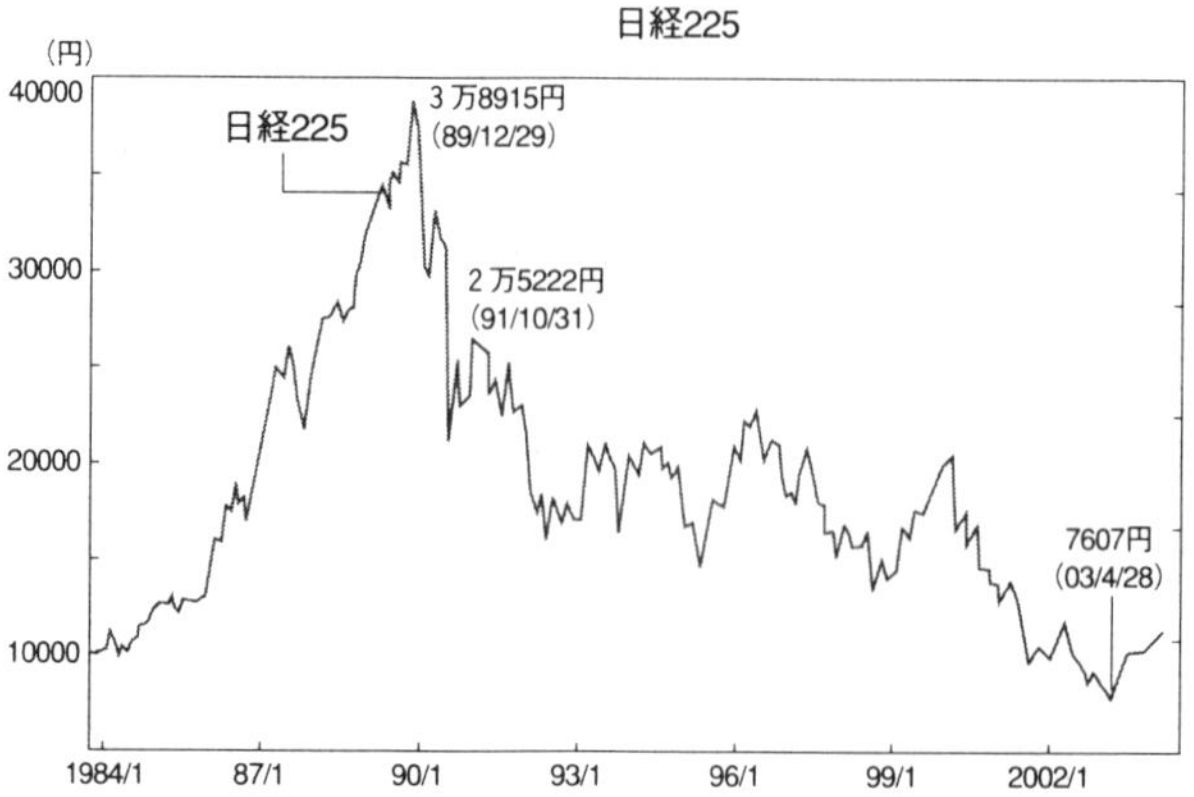

(注) 月末値をグラフ化したもの

合が多いですね。

4　日経平均株価の推移

日経平均株価を形成する銘柄は定期的に入れ替えがあり、つねに各業種の代表的な銘柄で構成されています。現在はややハイテク分野に偏りすぎているものの、日経平均の動きは日本経済を映す鏡であるとも言われます。

上のグラフでわかる通り、一九八九年に最高値三万八九一五円をつけた後は下降傾向が続き、二〇〇四年現在は最高値の三分の一以下で推移しているのが現状です。しかし、この最高値を更新する時がいつかは必ず来ます。最高値を永遠に更新できないなどということは、株式市場が存在する限り絶対にありません。ただそれが三年後なのか、あるいは五年後になるのか一〇年後か、まったくわからないところに問題があるだけです。

ですから今、株は買い時だと言えるのです。

株式投資初心者の方は、右の1〜4をよくご理解いただいた上で、速やかに株式投資を始めてみることをお勧めします。

私の基本的な投資スタンスとして「低位の逆張り」があります。これは株価が安く、なおかつ値下がりしていて、もうこれ以上下げる余地は少ないと思える株を買うことです。前述の四つの基準を満たして、なおかつ「低位の逆張り」でいけるケースが時々あります。こういう時は絶好のチャンスだと思いますね。

値動きの大きい半導体関連株や仕手系の株など、上がり始めた株にうまく乗っかると、短期間で思わぬ利益を得ることが期待できますが、当然リスクも生じます。「低位の逆張り」は投資効率という点ではあまり良い方法とはいえませんが、下値不安が少ないので、サラリーマンには適した投資といえるでしょう。私は近年、もっぱらこれで稼いでいます。

最近は、銀行株や中国関連株といったところが脚光を浴びていて、実際に値上がりもしています。このように市場の評価の高い、いかにも上がりそうな株というのは、すでに上がっている株でもあるわけです。何かの拍子に下げる余地も大きいので、私はあまり好きではありません。

余談ですが…

前述の竹田和平さんの投資スタイルは「底値の銘柄を買ってじっくり待つ」こ

とだそうです。これが成功の秘訣だと「ジャパニーズ・インベスター」誌のインタビューで語っておられました。また、テレビ番組「モーニングサテライト」で、コメンテーターの三原淳雄さんが面白いことをおっしゃいました。株式投資のスタイルには「投資」「取引」「投機」の区別があるというのです。

プロの投資家でもない限り「投機」に走ることは厳に慎むべきということなのでしょう。

成長性：高い方がよい
増収率＝今期売上高を前期売上高で割ったもの
増益率＝今期経常（営業・純）利益を前期経常（営業・純）利益で割ったもの

収益性：高い方がよい
売上高経常（営業・純）利益率＝経常（営業・純）利益を売上高で割ったもの

株主資本利益率（ＲＯＥ）＝純利益を株主資本で割ったもの

安全性：高い方がよい

株主資本比率＝株主資本を総資産で割ったもの

株価水準

株価収益率（ＰＥＲ）＝一株当たり利益を株価で割ったもの：低い方がお買い得

株価純資産倍率（ＰＢＲ）＝株価を一株当たり株主資本で割ったもの：低い方がお買い得

配当利回り＝一株当たり配当を株価で割ったもの：高い方がお買い得

◉不動産投資と「資産価値」「利用価値」について

お金を貯めて、アパート・マンション経営をするのが究極の『サラザイ』だと思いますが、なかなかそこまでたどり着きませんよね。私もそんな経験はありませんので、この話はキャンセルします。代わりに、唯一の実体験をお話ししましょう。

私は二八歳の時に初めてマンションを購入しました。六年ほど住んだ後、三五歳で売却したのですが、この時約一五〇〇万円の売買益を得ることができました。当時はまだ土地神話が生きていて、良い時代だったですね。

当時の愛読書に『不動産財テク原論』（佐藤正和著・自由国民社）があります。この本を読みながら、自分もマンションをヤドカリのように買い換えていき、いつかは億万長者になってやろうと夢想したものです。

土地神話が崩壊したため、この計画は挫折してしまいました。二度目に買ったマンションに現在も住んでいるわけですから、マンションでは必ずしも儲かったとは言えません。しかし、取り立てて自慢するほどのマンションではないにせよ、角部屋の3LDKで日当たりも良く、とりあえずは快適に暮らしています。最初のマンションの売却益がなければ現在のマンションは買えなかったわけですから、これはこれで良い投資であったと思っています。

ひとつ言えることとは、「資産価値」と「利用価値」の両方が期待できるものに対しては、たとえ借金してでも良い物件を買うべきだということです。初めてのマンションはこの条件に当てはまっていましたので、お金はなかったけれど住居用に購入したのでした。当時はゴルフ会員権もそうでしたね。

「資産価値」と「利用価値」のどちらか片方しかないもの、たとえば株はどうでしょうか。株には資産価値がありますが、配当にしても株主優待にしても、そう大したものではありません。ならば車はどうでしょうか。利用価値が高い反面、資産価値という点では使っているうちに目減りしていき、何年か経つとゼロに近くなってしまいます。ですから、株や車を買うために多額の借金をすることは得策とは言えないのです。

ご自分が住むための不動産を買うのであれば、借金してもかまいません。「許される範囲内」でたくさん借金をして、良い物件を手に入れましょう。ただし、近年はサラリーマンの世界で年功序列賃金や終身雇用の制度が崩れてきていますので、この「許される範囲内」の算定には充分注意を払う必要があります。

「許される範囲内」の借金とは、月々支払える返済金（元金に利息を加えた合計金額）から限度額を逆算すればよいのですが、ご注意いただきたいのは「金利リスク」という問題です。

かつては、住宅ローンのように長期でお金を借りる場合には固定金利で借りるのが普通でした。近年は低金利時代ということもあって、利率の低い変動金利で住宅ローンを借りるケースが増えています。しかし変動金利の場合、借り入れ当初は固定金利よりも低利で借りられますが、将来的に金利が上昇するかもしれません。こうした「金利リスク」があることを理解しておく必要があります。

私の場合、現在のマンションを買うに当たって、固定金利と変動金利の割合を二対一に設定したローンを組みました。というのは、変動金利による低利率の恩恵も受けたいし、かといってあまり大きな「金利リスク」も負いたくないという発想からでした。

現在、固定金利の借り入れの一部を期前返済しており、固定金利と変動金利の割合が一対一になっていますが、結果論からいえば全額を変動金利で借りた方が正解でした。低金利時代がこれほど長く続くとは全く予測できませんでした。

ただし、これはあくまで結果論です。よほど余裕を持ってローンを組んでいる方ならともかく、我々サラリーマンは「金利リスク」を低めに抑え、万が一の金利上昇に備えておくべきです。金利で「博打」をしてはいけません。

余談ですが…

前述の『不動産財テク原論』も、当時としては大変ためになる本でしたが、財テクを志す者として読んでおきたいのはやはりQちゃんの本でしょう。

Qちゃんといっても、女子マラソンの高橋尚子さんではありません。我々の間でQちゃんといえば、もちろん邱《きゅう》永漢さんです。

Qちゃんはたくさんの本を出しておられますので、私もその全部は読み切っていませんが、何といっても「お金儲けの神様」ですから、盆休みに軽井沢へ行く際などには旅行かばんの中にQちゃんの本を二、三冊入れて出かけます。

軽井沢へ行くときはいつも電車を利用しますので、以前は車中で読書に勤《いそ》しんだものですが、新幹線が開通してからは本もほとんど読めなくなりましたね。なにしろ、あっという間に到着してしまいますから。

それはともかくとして、皆さんもQちゃんの本を参考書代わりにぜひ読まれることをお勧めします。

◉ネットワークビジネスで成功する秘訣とは

財テクというよりはサイドビジネスに近いもので、ネットワークビジネスというものがあります。一発当たれば億万長者になれるという可能性の点では、これが一番かもしれません。

ネットワークビジネスという言葉、あまり聞きなれない方もいらっしゃるかもしれません。簡単に言うと、自分が勧誘した会員（子会員）や孫会員、曾孫会員の購入額に応じてキャッシュバックを受けられるというものです。仕組みとしてはねずみ講に似ていますが、企業が顧客を囲い込むために使っている手法のひとつです。これをインターネット上のホームページを使って行う事により、サラリーマンにも出来るビジネスとなるわけです。

もちろんこのビジネスは単に金銭のやり取りをするだけではなく、商品の販売を通じて販売量に応じたキャッシュバックを受取れる代理店契約を親会社との間で結んで行う取引ですので、合法的で安全なものなのですが、実際に会員が商品の受渡しをしたり、代金の集金をすることがないので、何となくお金だけが動いているような錯覚を感じるビジネスです。

実際に、このビジネスでは多くの億万長者が出現しています。そういう意味では魅力にあふれたビジネスではあるのですが、いくらインターネットを利用するとはいえ、ビジネスを軌道に乗せるまでにかなりの労力を要しますので、サラリーマンの財テクとしてはちょっと不向きといえます。

成功している方の多くは個人事業主や主婦など、時間の都合をつけやすい方々のようです。私も一度このビジネスを経験してみようと思い、N社の会員（ディストリビューターと称する）になったことがあります。扱う商品はサプリメントや化粧品でしたが、二ヶ月で足を洗いました。

入会するにあたって、入会金や年会費といったようなものは特になかったのですが、商売用のホームページを作成してもらう費用や、他人に商品を説明するためには、事前に取り扱う商品を一通り自分で使ってみる必要があって、商品をあれこれ買いこんだりで、十数万円はつぎ込みましたが、これはもう捨てることにしようと思いました。

時間的拘束やノルマは一切ないという話だったのですが、実際にやってみるとそう甘くはありません。ミーティングだ何だと集まりも多いし、ビジネスとしてやる以上はノルマもこなさなくてはならず、考えていた以上に大変なことがわかったからです。

また、大きく儲けている会員さんのほとんどは、事業の初期段階でいち早く参加した方です。後から参加して大きく儲けるのはなかなか難しいことも感じました。私の所属していたグループのリーダーの方は、確かにこのビジネスで年間一億円以上の報酬を受けておられるようでしたが、そのレベルに近づくのは容易なことではないようです。

短期間ではありましたが、このビジネスに関わってみて二つのことが勉強になりました。

一つは、通信販売で扱う商品というのは、なかなかレベルの高いものだということです。私が関わったビジネスも、自分では在庫を一切持たず、商品の受渡しや集金も不要という通信販売方式でしたが、商品の品質に関しては大変すばらしいものでした。品質に対してクレームが発生すると、この商売では命取りになります。ですから、ある程度長い期間通信販売を行っている商品についてはかなり信用できますね。他のネットワークビジネスでもこの点は同様だと聞いています。

二つ目は、口コミ商法のすごさです。

この手のビジネスでは、会員が新たな会員を集めていきます。口コミによる情報伝達力というのは、その速さ・浸透力ともに驚くべきものがあり、多くの大企業でも販売戦略として取り入れつつあるようです。口コミですから宣伝費はほとんどかかりません。しかもネットワークビジネスの場合、店舗さえ持たないケースが大半なので、人件費が非常に少なくて済みます。固定費のかからない、きわめて効率の良いビジネスだと感じました。

時間に余裕のある方は、一度ネットワークビジネスの世界を経験してみてはいかがですか。今後、中国やインドのような人口の多い国へこのビジネスを広げていったら、ものすごい事になるかもしれませんよ。

余談ですが…

「週刊文春」の二〇〇三年新年特大号に「和製ポルノ第一号池玲子は世田谷の超豪邸暮らし」という記事が掲載されていました。その記事によりますと、池玲子さんのご主人はネットワークビジネスで有名な米N社の販売員（ディストリビューター）で、なんと年商二〇億円を超えるトップクラスの成績をあげておられるのだとか。世田谷区に、大企業の迎賓館と見紛うばかりの豪邸を構えておられるそうです。

物好きな友人がこの豪邸を見に行ったのですが、まるでマンションのようだと感想を述べていました。

前出のリーダーのお話では、年間の報酬が一〇〇万ドル（約一億円、本社がアメリカにあるためドル建て）を超え、ミリオネヤーとして本社から表彰されたそうです。しかし上には上がいるもので、テンミリオネヤー（一〇億円長者？）と呼ばれる販売員が日本に八人いらっしゃるそうです。「私などはまだまだ努力不足です」とおっしゃっていました。

稼ぐ人はかなり稼いでいるようですよ。

◉話題の外貨預金は狙い目？　危険？

円の金利がばかばかしいほど低いので、預金をたくさんお持ちの方の中には、米ドルなどの外貨預金にシフトする方もいらっしゃるようです。しかし、外貨の高金利を享受しようとする場合、どうしても「為替リスク」というものがつきまといますので、その点はご注意いただく必要があります。

私も外貨預金の経験が二度あります。一度目は、まだ入社して間もない頃でした。当時から各種の外貨を取り扱っていた東京銀行（現・東京三菱銀行）へ行き、外国為替の勉強がてら、米ドルとカナダドルの「外貨定期預金」をごく少額ですが作ってみました。

二度目は、某都市銀行が新宿に大きな支店をオープンした時です。そのお店の外貨預金第一号になってやろうと思い、米ドルの「外貨普通預金」を作ったのですが、残念ながら第二号でした。これもごく少額の預金でしたので、しばらくし

1985年以降の円・ドル相場（月足）

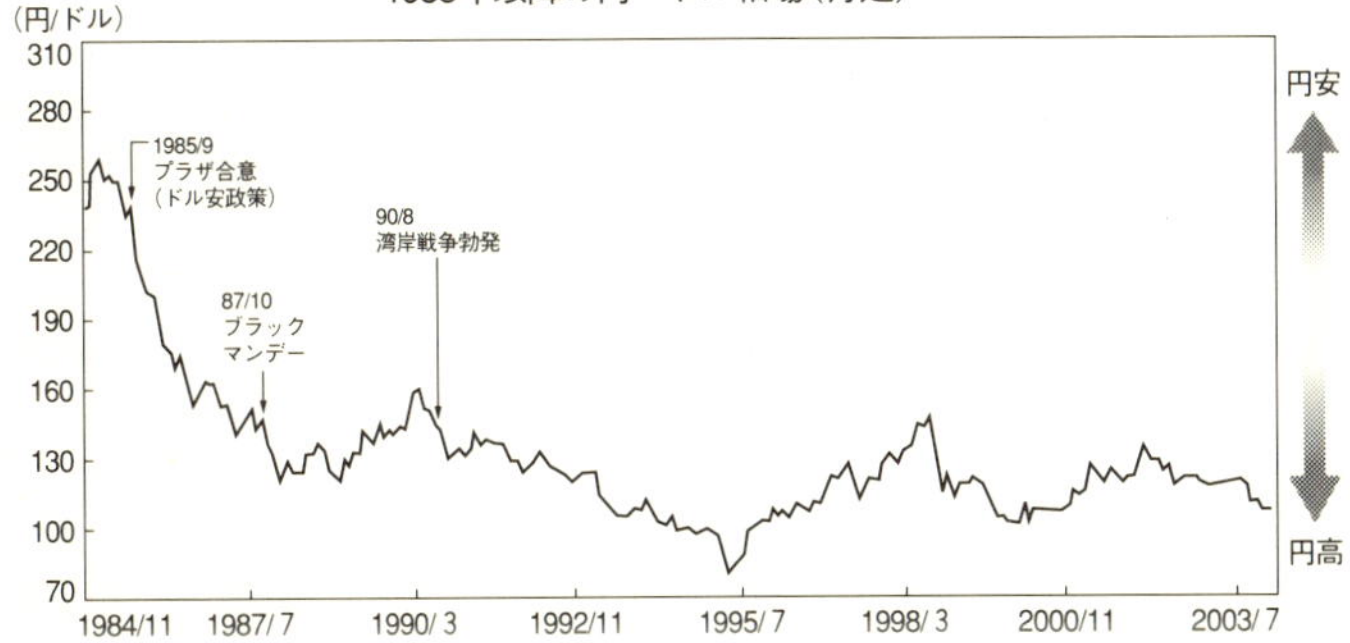

て少し円安になった時に両方とも解約し、ほんのわずかな為替差益を得て終わりました。

その一方で、大変な失敗もしています。

ある時、我が社の監査役が私のところにお見えになり、何か個人向けの良い資金運用はないだろうかとアドバイスをお求めになりました。私は「米ドルの外貨定期預金がいいですよ」とお答えして、銀行の手続きも代行してさしあげたのですが、その後、為替レートは円高基調に入りました。このため利息を上回る為替差損が発生し、監査役に大変なご迷惑をおかけする結果になってしまったのです。

他人の資金ですので、私に金銭的な損害はあ

円ドルレートの推移と政府・日本銀行による為替介入の実績

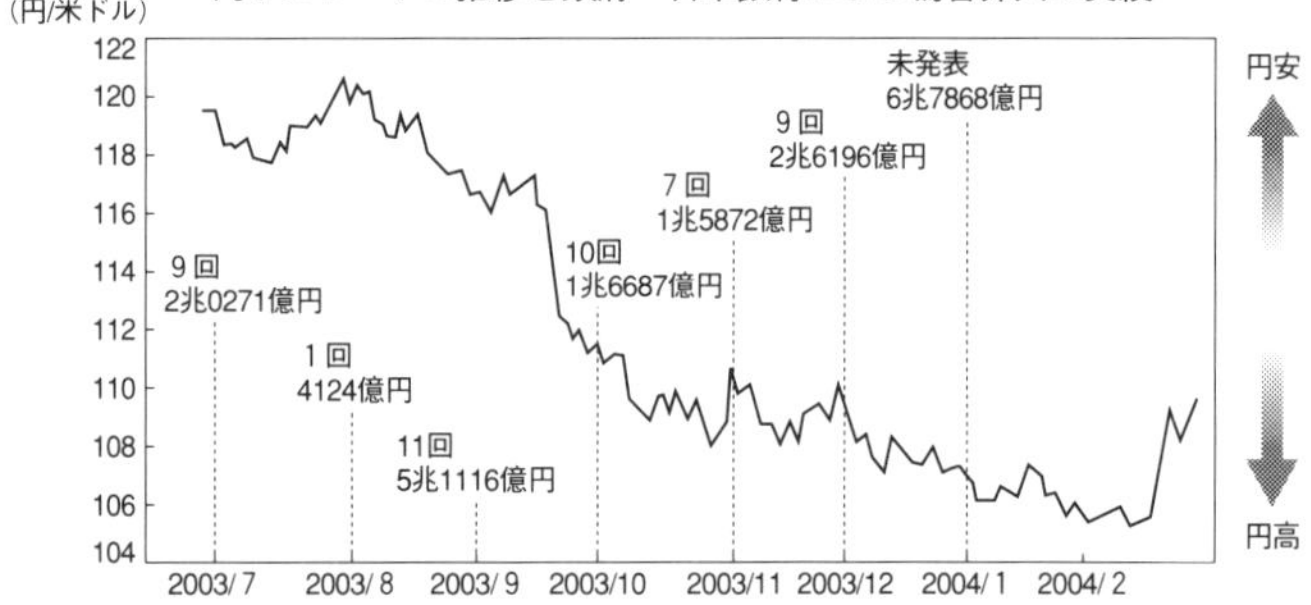

りませんでしたが、信用は確実に失ったと思います。

上のグラフの通り、「円の歴史」はほとんど「円高の歴史」であると言えます。特に、一九八五年のプラザ合意以後の急激な円高を見ると、外貨預金で大きく儲ける可能性は極めて少なく、逆に大きく損をする可能性は充分にあるということがわかります。

例えば、一ドル一二〇円の時に一万ドルの外貨預金をする場合、一二〇万円の円資金が必要ですが、日本に住んでいるかぎりドルでは買物をすることもできませんから、いつかはまた円に換える必要があります。その時に一ドル一〇〇円（二〇円の円高）になっていたら、一〇〇万円しか元本が戻ってきませんから、二〇万円の為替差損が発生してしまいます。いくらドル金利が円金利より高くてもこの差損を利息で補うことはできません。

右のグラフでもわかる通り、これだけドル買い介入をしても円高傾向に歯止めがかからないのですから、「円高の歴史」はまだまだ終わっていないと考えるべきでしょう。

そもそも、預金でリスクを負うこと自体、いかがなものかと思います。ましてや為替リスクのあるものを軽々しく他人に勧めてはいけませんね。

為替リスクのある投資には手を出さないほうが無難です。

◉ころばぬ先の「格言集」

某証券会社のテレビコマーシャルで、三田明が公家さんの格好で相場の格言をいろいろとしゃべるものがあります。最初にこのコマーシャルを見た時には、何を言っているのかよくわかりませんでしたが、よくよく聞いてみると、すべて相場の格言でなかなか面白いコマーシャルだということが、わかってきました。

相場の格言は、先達の長年の経験に基づいて語り継がれてきたものですから、我々のような経験の浅い投資家には大変参考になるものです。

さて、ここでは、巷に数多くあふれる「相場の格言」の中から、比較的有名と思われるものを三〇ほど紹介したいと思います。

ここであげる以外にもまだまだたくさんの格言がありますし、加田泰著『相場の名言』（東洋経済新報社）や守屋陽一著『大儲け株式名言格言集』（自由国民社）などの書籍にも詳しく書かれていますので、一度お読みになることをお勧めします。また、インターネットで「相場の格言」を検索してみても、多くのサイトに掲載されていて、その大切さがわかります。ほとんどのサイトではわかりやすい解説付きで掲載してくれていて参考になるので、みなさんも機会があったらのぞいてみてください。

今回紹介する格言の中に、「最初の損は最良の損」、「見切り千両」、「負けた相場を知っている者こそ価値がある。なぜならば次回はそれを教訓とするから」というのがあり、いかに負け上手になることが、投資を成功させる上で大切かということが感じられます。相場の達人たちも、勝ったり負けたりしながらこの格言にたどり着いたのでしょう。

また「百冊の理論書は一回の売買にしかず」など、まず実践してみること、自分でリスクを負ってみることが大切と説いていますが、これなどは相場に限らずすべてのことに通用しそうですね。

格言の中には独特な相場用語が多くでてきますので、若干読みづらいかもしれませんが、じっくり味わってみてください。きっと、ころばぬ先の杖として役立ちますよ。

《相場格言集》

①　意地商いは破滅の因

「見切り千両」にもつながる格言。相場が思惑とは逆の方向へ行ってしまった時に、意地を張って損切りしないでいると、大怪我をしますよという格言。

②　一文新値は鬼よりこわい

株価が高値を更新するような場合、その株に勢いがあれば壁を突きぬけた後一気に上昇するでしょうが、わずかに更新するだけで止まってしまう場合には反落の可能性があるので、手仕舞いのタイミングを誤らないようにという格言。

③　売り買いは三日待て

売買する時はあせらずもう一度よく考えろ、という格言。売買してから「もう一日待てばよかった」と悔やむことは多いものです。一時の心情で売買せず常に客観的に相場を見る心の余裕が大切です。

④　お金を儲けることと、それを維持することは全く別のものである

お金を儲けることは「攻め」。それを維持することは「守り」です。長期的な観点ではイチロー選手のように攻守どちらも優れていなければ、大きな成功にはつながらないということでしょう。

⑤　押し目待ちに押し目なし

上昇傾向にある株は、何かの拍子に下げた局面で買いを入れるのが定石ですが、この押し目を待っていると買い損なうことがよくあります。押し目待ちもほどほどに。

⑥　罫線は相場師の杖である

過去の動きを知り、今後の見通しをさぐる上で、罫線はとても役に立ちます。罫線を見ずに相場に立ち向かうのは、暗い坂道を杖なしで歩くようなもの。しかし、罫線だけを判断材料にするのは間違いで、あくまでも杖代わりとして使うのが正しい罫線の使い方なのです。

⑦　小回り三月、大回り三年

短い周期で三ヶ月、長期的には三年で上昇や下降を繰り返す。つまり相場には周期があるという格言。罫線で過去のトレンドやくせを知っておくことも大いに役に立つと思います。

⑧　最初の損は最良の損

最初に痛い目にあっておくと、あとで大怪我をしなくてすむという格言。出だし好調で、いい気になって強気な勝負をしていると、再起不能になるほどやられてしまうことがよくあるものです。

⑨ 知って行わざるは知らざるに同じ

仮に相場の先行きを正確に予測できたとしても、実際に売買しなければ何の意味もないという格言。企業においても、評論家が一〇〇人集まっても儲かるようにはなりませんよね。個人の投資も同様で、つべこべ言う前にまず実行することが、何より大切ということです。

⑩ 自分よりも相場を知らない人の助言に従ってはならない

自分の相場見通しに自信がない時は、ついつい他人の意見に惑わされがちですが、自分が信頼している人以外の意見は、参考程度に留めておくほうが、間違いが少ないものです。

⑪　重要なのは自分が信じたり考えたり期待することではなく、相場がどう動くかである

相場の先行きというものは、本来誰にもわからないものなのです。自分の考えに固執しすぎず、相場の動きに臨機応変に対応していくことが、重要なことです。

⑫　順にいては逆を忘れず、逆にいては己を捨てず

ほとんどのマスコミは、上昇局面ではもっと上がる、下降局面ではもっと下がると報道する傾向がありますが、周囲の雰囲気に踊らされず、冷静に判断すれば永遠に上がり続ける相場や、永遠に下がり続ける相場がないことはわかるはずです。トレンドに乗っている時にも細心の注意を。裏目の時も希望を捨てずに。

⑬　相場のことは相場に聞け

現在の相場がどうなっているか、なぜそうなったか、相場は相場そのものを示しているという格言。世界中のさまざまな要因や投資家心理が複雑に反映されて、現在の相場が形成されています。現在の相場がおかしいだの、なんだのと、文句をいってもしかたがありません。今の相場が正しい回答なのです。

⑭　相場の実践に当たって一番大切なのは断の一字

理屈ではわかっていても、損得がからんでくるとなかなか判断ができないもの。最後は自分で判断するしかないということ。特に損切りの判断が素人の投資家には難しいですね。

⑮　相場は売るべし、買うべし、休むべし

「休むも相場」という言い方もあります。たまには休んで、相場の動向をじっくり見定めることも、必要ということでしょう。特に下落相場のときに、あわてて損を取り戻しにいかないこと。

⑯ 凧の糸と相場の金は出しきるな

心にしみる格言です。手持ちの金を出しきったあとに相場が裏目に出ると、にっちもさっちも行きませんから。

⑰ 辰巳天井

この格言の本来の姿は、「辰巳《たつみ》天井、午《うま》しり下がり、未《ひつじ》辛抱、申酉《さるとり》騒ぐ。戌《いぬ》は笑い、亥《い》固まる、子《ね》は繁盛、丑《うし》はつまずき、寅《とら》千里を走り、卯《うさぎ》は跳ねる」という長い格言なのだそうです。「戌亥の借金、辰巳で返せ」という格言もあって、戌亥の年は底値になりやすく、辰巳の年は天井になりやすいということなのですが、この格言の当てはまる確率は、少し低めに見ておくほうがよいのではないでしょうか。

⑱　知者は惑《まど》わず、仁者は憂《うれ》えず、勇者は懼《おそ》れず

論語からの引用で、道理をわきまえている人は事に当たっても迷わない。情け深い人は天命に安んずるから心配しない。勇気のある人はおそれないという意味だそうです。こんな立派な人でも「それにつけても金の欲しさよ」なのでしょうか。

⑲　強気相場は悲観の中に生まれ懐疑の中で育ち楽観の中で成熟し幸福感の中で消えていく

相場の格言にしては長い文章ですが、面白い格言だと思います。投資家の思惑よりも相場のほうが、常に先を行っているということなのでしょうか。

⑳　天井売らず、底買わず

底で買って天井で売るのが一番儲かるのですが、なぜでしょうか。ただ私も、株を売る時には次の人にも儲けさせてあげる精神を大切にと心がけています。天井で売ったのでは、次の人は損をするばかりですから、それでは気の毒ですよね。この優しさを、神様がどこかで見てくれているのかもしれません。

㉑　半値戻しは全値戻し

天井から一〇〇円下げた株価が、五〇円戻せば半値戻しですが、短期間に半値を戻すということは、戻りに力があるということで、全値戻しも不可能ではないということ。力がないと、三分の一戻し程度で終わってしまうものです。

㉒　人の行く裏に道あり花の山

相場に関心のない人でも知っている有名な言葉ですが、多くの人が花見に行く場所より人の知らない所へ行けば、花の山をゆっくり楽しめるという格言。まだ誰も注目していない花を、真っ先に見つけることが、大きな儲けにつながるという意味と私は理解しています。

㉓　一〇〇冊の理論書は一回の売買にしかず

多くの相場理論書を読んでもそれは一回の売買におよばないという格言。相場で損をした時の痛みを、身をもって感じておくことが、多くの書籍を読むことよりも、後々役に立つものです。リスクを負ってみることが大切。

㉔　負けた相場を知っている者こそ価値がある。なぜなら次回はそれを教訓とするから

何度も言うようですが、まずは実践すること。そして身をもって痛みを感じることが大切なのです。若いうちから評論家ではいけませんよ。

㉕　慢は損を招き、謙は益を招く

勝利がつづくと、ついつい相場がわかったような気になって、強気な勝負をし

てしまいがちです。相場はわからないものという、謙虚な気持ちを常に持って相場に臨みたいものです。

㉖ 見切り千両

見込がない時は損を承知で売ることが大切という昔からある格言。特にサラリーマンの財テクのように、限られた資金で運用する場合、いかに資金を回転させるかが大きなポイントになりますので、損切りをする勇気は大切ですね。

㉗ もうはまだなり、まだはもうなり

周囲が、もう天井だという時にはまだ天井ではなく、まだ天井ではないといっている時に、もう天井だったりするという格言。言葉にするのは簡単ですが、実践するのは難しい格言です。

㉘　保ち合い放れにつけ

「大保ち合いは大相場」という格言もあり、長い間保ち合い相場が続いていると、動き出した時には、大きな相場になる可能性があるので、動きのない銘柄だからといって、目を離すなという格言。

㉙　利食い千人力

買った株が一時的に上がったものの、つい売りそこねてしまって、結果的にはかなり下がったところで売って損をしてしまうケースが少なくない。やはり買った後高くなったら、一応売り抜けて利益を確保しておかなければならない。もっとも大底近辺で買った株はすぐに売ってしまうのはもったいないですが。

㉚　若い相場は目を瞑って買え

「若い相場」か「成熟した相場」か「峠を越した相場」かを見定めることは、買いを入れる上で大切なこと。大きな株安の後や、保ち合い放れの局面で、上昇余力の大きい「若い相場」が出現する可能性大。迷わず買うこと。

第三章
数々の失敗から得た貴重な教訓、これこそ宝

これまで『サラザイ』の重要性、必要性について述べてきました。言うまでもなく財テクは常にうまくいくとは限らなくて、特に株式投資においては百戦百勝というわけにいきません。負ける場合も少なからずあるわけですが、そこで再起不能なほどのダメージを受けてしまっては元も子もありません。負けるときは上手に負けて、被害を最小限に止めるべきです。

私が今までに経験した失敗の中で、はなはだしい負けをいくつかご紹介しますので、これを参考に負け上手になってください。「負け上手」とか「ふられ上手」

というのは、人生においてなかなか大切なものですよ。

◉株価の動きにニンマリ、ところがまさかの黒字倒産

もう一〇年以上前になりますが、K機械という会社の株を二〇〇〇株買いました。

当時はバブル期で、まともな会社の株は軒並み一〇〇〇円以上していたのですが、この株は「会社四季報」によると増収増益の良い会社なのに、株価は一〇〇〇円以下でした。これは買い得だとばかり、喜び勇んで買いました。

翌日、証券会社の担当者から電話がかかってきました。

「良い株を見つけましたね、どうやってあんな株を見つけたのですか。私もあの株は良いと思いましたので、他のお客さんにも勧めて買ってもらいました。今日の終値は前日比一〇円高になっていますが、あれはうちの買いですよ」

証券会社の人にここまで言われれば、この株は上がるものと当然思うじゃありませんか。専門家に褒められるくらいだから、私の株を見る目も大したものだなと自画自賛していたところ、数ヶ月後にこの会社は倒産してしまいました。なんでも、本業は順調だったもののゴルフ場開発に手を出して失敗し、資金繰りが立ち行かなくなったそうです。

世の中に黒字倒産というものがあることは知っていましたが、まさかそれが私に降りかかってくるとは夢にも思いませんでした。ちなみに当時、私は経理部に所属していました。この件で改めて痛感したのは、会社の財務分析をする際に「損益計算書」だけを見てわかったような気になってはいけないということです。

「会社四季報」に出ている数値は売上高・営業利益・経常利益・当期利益・一株利益などであって、これはまさに「損益計算書」です。よく知らない会社に投資する場合には、インターネット等を使って「貸借対照表」や、できれば「キャッシュフロー表」までチェックすることが大切です。

株式投資ではこのような失敗が起こり得ますが、でもサラリーマンは株を買わなければ「小金持ち」にはなれませんよ。

このとき電話をくれた証券マンは、間もなく会社を退職してしまいました。いろいろとつらいことがあったのか、責任を感じてしまったのか。まだ若い証券マンでしたが、その後どうしたでしょうか。

後任の担当者からは、倒産の情報を事前にキャッチできなかったことを深く詫びられましたが、これは証券会社に文句を言う筋合いのものではありません。株式投資はあくまで自己責任でやるものです。したがって、当然ながら一言も文句は言いませんでした。

結局、この二〇〇〇株は一株二五円で売却することになりました。どうせ一〇〇万円以上損をするのですから、この株券を売らずに記念にとっておいて今後の戒めにしようかとも思ったのですが、証券マンから四万円でも五万円でも回収できるものはして下さいとのアドバイスがあって、そうしました。無価値な株券ではあっても売らずにとっておけばよかったなと今では思っています。

教訓……株は将来性を買うべきであり、安いからといって飛びついてはいけない

◉最大最悪のピンチ！　恐ろしい「追証」とは

株式投資をやってきた中でも、これは最大級の失敗でした。信用取引をやっていて、追証が発生してしまったことがあるのです。一度ならず二度までも。

一度目はまだよかったのですが、二度目は本当にひどい目にあいました。

当時の私は現預金をほとんど持っていませんでした。自社株を三万株近く持っていたので、その株を担保にして信用で銀行株を買っていました。株を担保に株を買う、いわゆる二階建てです。銀行株が値上がりしてくれれば「人のふんどし

で相撲をとる」方式で儲かります。実際、それまでこの方式で儲かった分で自社株を少しずつ買い増ししていたので、将来的には自社株を売却した資金で住宅ローンを全額返済できると確信していました。

ところが、そうそう思惑通りにはいきません。相場全体が崩れてしまい、担保が目減りした上に、信用で買っていた株の評価損も発生しました。あっという間に追証が発生してしまったのです。

追証というのは、要するに追加担保を三日以内に入れることを強制されるのですが、これはつらい。有無を言わせず要求されますし、しかもこれが連日続くのですから、本当にまいりました。

信用で買っていた銀行株が外国人投資家に売り叩かれ、担保の自社株までもどんどん下がっていく状態でした。これでは売るに売れず、追加担保として現金を差し入れるしか方法がないのです。しかし、あいにくそんな現金の持ち合わせがありません。銀行からお金を借りたり、生命保険の契約者貸付を使ったり、ＪＣ

Bゴールドカードで一〇〇万円借りられることがわかってそれを使ったりして何とかしのぎました。あちこちからお金をかき集めては、証券会社に数十万円の振り込みを毎日続けるのです。こんな状態が一〇日ばかり続いたでしょうか。消費者金融からお金を借りることも頭をよぎりましたが、それだけは思いとどまりました。

しかし、決められた日時までに現金を入れることができないと、信用で買って大きな含み損が出ている持ち株を翌朝反対売買で強制的に清算させられてしまい含み損が実現損になってしまうので、その穴うめで証券会社に預けておいたお金(保証金)のほとんどがふっ飛んでなくなってしまって、借金だけが残ることになります。

この状態になると、どうしても仕事中に株のことが頭にちらつきます。株価が下がればさらに追証が発生しますから、心配でいても立ってもいられず、仕事に一〇〇%集中することはなかなかできませんよね。

『サラザイ』の鉄則は、あくまで仕事に影響を与えない範囲で財テクを行うことですから、これは大、大、大失敗です。

サラリーマンは信用取引をやってはいけません。絶対にだめです。……でも信用取引をやらないと、なかなか「小金持ち」になれないんですよね（また言ってしまいました）。

最近は私も資金に余裕が出てきて、信用取引をする場合でも現金を担保にしていますので、このところ追証は発生していません。追証は本当につらいものですから、無理な信用取引はやめましょう。

幸いなことに、この時の大損は一年たらずで取り返すことができました。一時は再起不能かと絶望しかけたのですが、思いのほか早く挽回することができたのは不幸中の幸いでした。しかし、あの時の大損で資金を失っていなければ、その後もっと大儲けができていたはずだという悔いは今でも残っています。

「たら・れば」を言ってもしょうがありませんよね。これも自己責任ですから。

教訓……信用取引はやるとしても臆病に臆病にやること

◉マンション売却で得た貴重な教訓

前にも述べましたが、私は二八歳の時に初めてマンションを購入しました。当時は入社五年目の薄給サラリーマンで、年収わずか二七〇万円ほど。購入資金も、財形貯蓄や持株会を全て解約してかき集めた一五〇万円だけでした。これで一八四〇万円の3DKマンションを買おうというのですから、思えば無茶な話です。しかし、当時はまだ土地神話が生きていた時代で、仮にローンが返済できないほど生活が苦しくなったとしても、マンションを売却すればローンは完済できたのです。中古マンションでも新築購入時と同等かそれ以上の値段で売却できる時代でしたので、「まず買ってそれから考える」というプランが充分成り立ちました。まず買っておいて、より広いマンション、より立地条件のいいマンションと買い替えていき、最後は庭付き一戸建てにたどり着くというプランです。

実際に私の場合、最初にマンションを買ったときには、自己資金が購入額の一割にも満たなかったのが、六年後に買い替えるときには自己資金が三割強になっていたのですから、この調子でいけば大成功間違いなしというところだったのです。

ところが、現在は中古マンションがどんどん値下がりしてしまいますので、こうした買い替えプランは成り立ちませんよね。マンションを売却すると数百万円の売却損が発生してしまい、サラリーマンにとってこれは痛すぎます。ですから購入も一発勝負、初めから永住覚悟で購入しなければならず、簡単には決断できません。

ともかく私は、一八四〇万円で購入したマンションを六年後に三四〇〇万円で売却し、一五六〇万円の売却益を手にしました。これを頭金に次のマンションを購入したのですが、この売却でも大きな失敗をしました。

買い替えに当たって、叔父からアドバイスを受けていました。「大切な資産を売買するのだから、不動産会社は三菱地所とか三井不動産とかの超一流を使え」というのです。しかし私は、それほどの物件でもあるまいと軽く考え、知人の紹介でN不動産に仲介を専任で依頼しました。

N不動産で私の担当となった方は、不動産鑑定士の資格を持つ優秀な方でしたが、仕事の腕は資格とは別問題だったようです。いつまでたっても売却できず、当初四三〇〇万円で売りに出していた物件を三五〇〇万円に下げましたが、それでも売れません。とうとうしびれを切らし、それまでN不動産に専任でお願いしていたのをやめることにしました。三井不動産とオークラヤ住宅にも仲介を依頼したところ、両社はすぐに買主を見つけてくれました。結局、買値の若干高かったオークラヤ住宅に仲介をお願いして、めでたく契約が成立したのですが、その時点でもN不動産ではまだ買主が見つからないとの返事でした。

大手の不動産会社でもこれほど実力の差があるのかと驚いてしまいました。

教訓……不動産会社は超一流を選ぶべし

余談ですが…

バブル最盛期のお話です。当時の大蔵大臣だった宮沢喜一さんが「サラリーマンの年収の五倍以内で家が買えるようにする」とおっしゃったことがあります。このニュースをテレビで見ながら、これはまずいぞと危機感を抱きました。

不動産というのは、値上がりを止めるならまだしも、人為的に値下がりさせることは絶対に良くないのです。このことは経験上感じていましたので、知り合いの銀行マンや証券マンにその話をしたのですが、みんな「そうですかね」といまいち納得できないような顔をしたものでした。

結果は私の予言通り、不動産の値下がりが大不況を引き起こしてしまい、今に至っています。

自分がマンションの買い換えでつらい経験をしてわかったことなのですが、価格が右肩上がりの時に、たとえば売り対買いの割合が三対七だったとしましょう。これがほんの少し値下がりを始めた途端、七あったはずの買いがあっという間に引っ込んで、売り対買いの割合が九対一くらいに逆転し、価格が必要以上に下落してしまうのです。この下落の速さは、株式相場の比ではありません。あの買い手たちは一体どこへ行ってしまったのだろうと、途方に暮れてしまいます。

現に、当時「不動産の価格があと一割安ければ今すぐにでも買うのに」と、切実な顔で言っていた人たちが、二割下がっても三割下がっても買わなかったではないですか。

不動産とはそういうもので、市場参加者の数が多くありませんから、株式市場でいう「売り気配のままストップ安」という状態でどんどん価格が下がっていくのです。ここらへんの感覚というのは、不動産売買で痛い目にあった実体験がないとなかなかわかりにくい点で、だからこそあの聡明な宮沢さんも結果を読み間違えたのでしょう。並み居る政治家の中で銀行の不良債権処理の必要性を真っ先に主張なさったほどの経済通で、日本の英知とまで言われた宮沢さんの読みが外れ、私のような凡人の読みが当たるケースも起こり得るんですね。若いうちに痛い目にあっておくのも良いかもしれませんね。

このようなわけで、売却益を頭金にして更に三四〇〇万円の住宅ローンを借り、新しいマンションを購入して現在に至っているわけですが、マンションの買い換えでは本当にいろいろと勉強をさせてもらいました。

◉ゴルフ会員権は自分への投資と考えましょう

私は現在、栃木県と群馬県の二ヶ所のゴルフ場の会員になっています。栃木県の会員権を買ったのは今から二一年前、三〇歳の時です。群馬県の会員権は三年前に買いました。

もともとゴルフが好きでしたので、どちらの会員権も売買目的ではなく、自分でプレーするために買いました。最近でこそプレー代もずいぶん安くなっていますが、以前はビジターでプレーすると三万円くらいかかりましたから、誘われてビジターでプレーする場合、薄給の身としてはつらいものがあったのです。

しかし当時の私の考えでは、ゴルフは決して高いスポーツではありませんでした。六〇歳か七〇歳までゴルフを楽しんで、そろそろ引退しようかという時に会員権を売却すれば、その売却益で三〇～四〇年分のプレー代があらかた戻ってくる勘定だったからです。

ところがバブル崩壊によって、ゴルフ会員権の資産価値は一〇〇〇分の一近くまで減ってしまいました。私の栃木県の会員権も、一六〇〇〇万円前後したものが現在では二万〜三万円で売買されているようです。がっかりしますね。

私の高校の先輩で、焼きいも屋の元締めをやっていた人がいます。本業は金魚の卸し業なのですが、これはどちらかというと夏場の商売です。冬場になると季節労働者の人たちに焼きいも屋のリヤカーを貸し出し、サツマイモを卸して、サツマイモの利ざやで稼ぐのだそうです。小売価格の設定を季節労働者の人たちに任せていたところ、彼らは短期間でたくさん稼ぎたいですから、売れるにまかせてどんどん値段を吊り上げていき、気がついた時にはお客が逃げてしまった後でした。

かつては一日に二トンのサツマイモを卸していたのが、最終的に一日一〇〇キロほどに減ってしまい、商売にならなくなったそうです。

ゴルフ場の場合にも全く同じことが言えて、バブル期にプレー代をどんどん値上げしていった結果、そのころ二〇代〜三〇代前半だった若い世代がゴルフを始めていないのです。社内を見回しても、私の先輩や同年齢くらいの人はほとんどゴルフをやりますが、その下の後輩たちはゴルフをやらない者が主流になっています。

いまさら割引券を配っても手遅れですよね。若手がゴルフを始めていないのですから。焼きいもでもゴルフでも、一度逃がしたお客さんを取り戻すには相当なエネルギーと時間が必要になりますよね。

ゴルフ会員権の価格が元に戻ることはないと思いますので、もはや投資の対象とはなり得ないでしょう。

もっとも、ゴルフ好きな私は自分のコースで一〇〇ラウンド以上プレーしていますので、たとえ「資産価値」がなくなっても「利用価値」のほうは充分享受させてもらいました。また、ゴルフをやっていたおかげで、我が社の社長や取引先の偉い方、クラブ会員の方々と一緒にラウンドすることができ、半日親しくお付き合いさせていただく機会を得たことも貴重な財産になっています。この点でも「利用価値」、自分への投資という意味で、プラスになった投資だと思っています。

私の勤務する会社は大会社ではないものの、社長といえばやはり一般社員にとっては雲の上の存在なのです。ところが、私は若手の平社員のころから社長と同じ組でラウンドさせてもらった経験が数度あります。社内コンペなどの場合、社長は第一組で回りますが、同じ組に茶坊主代わりというのでしょうか、若手をひとり入れることがあって、その茶坊主として私も時々選ばれたのです。当時はありがたくないお役目だと思っていましたが、良い経験をさせてもらいました。

最近は、社内でも中途半端な存在になってしまい、第一組で回る機会はめっきり減りました。コースに出る回数も年とともに減ってきていますが、今後もせいぜいプレーに励む所存です。

教訓……ゴルフ会員権は財テクには不向きだが、違った財産を得られるのでぜひ買うべし

余談ですが…

ミサワリゾートの「ゴルフ場豆知識」によると、国内のゴルフ場総面積は二七万ヘクタール。これは国土三七七八万ヘクタールの〇・七%に当たるそうです。また、ゴルフ場の数は昭和三五年に一九八ゴルフ場だったものが、平成一五年には二三三八ゴルフ場と、四〇年間で一二倍に増加したそうです。

中国では、遅ればせながらゴルフブームが到来していて、ゴルフ場建設が急ピッチで進められており、建設中や建設計画中のものを含めると三〇〇コース以上もあるそうです。あの国は、高速道路でも何でも作り始めると恐ろしく速い国ですから、あと数年でゴルフ場の数が日本を上回ることは間違いないでしょうね。

日本のゴルフ場はゴールドマンサックスやローンスターなど外国資本にどんどん買収されているというのに、この違いすぎる状況はいったい何なのでしょうか。

このところ、朴セリとかグレース朴といった韓国系の女子プロが世界のヒノキ舞台で大活躍しています。近い将来、中国系プロゴルファーも世界で活躍する時代が来るに違いありません。しかし、共産国でもゴルフ会員権は投資の対象となるでしょうか。

◉正しい借金のノウハウ教えます

借金とうまく付き合うことは、『サラザイ』ならずともサラリーマン生活を送る上で非常に大切です。借金をやたら嫌がる人がいますが、必ずしも借金が悪いのではなく、要は借金との付き合い方が問題なのです。

以前、会社で営業マン研修の講師を頼まれたことがあって、その時にこんな話をしました。

「借金というのは、長く借りて少しずつ返すようにしなければいけない。住宅ローンを二〇〇〇万~三〇〇〇万円借りても、苦しいながら何とかやっていけるのに、消費者金融から二〇〇万~三〇〇万円借りただけでお手上げになってしまうのはなぜか」というような話です。

財務分析では「流動比率」といって、流動資産に対して流動負債がどれくらいあるかを見て資金繰りの余裕を判断する方法があります。「流動負債」、つまり短期で返済しなくてはならない借金が大きい場合、経営状態は大変苦しいと言えます。これは個人においてもまったく同じなのです。

私は、消費者金融からお金を借りるのが必ずしも悪いことだとは思いません。何らかの事情で急にお金が必要になった時、銀行から借りようと思っても、審査だ何だと時間を取られたあげく、貸してもらえないというケースが往々にしてありますから。

消費者金融で借金する場合の絶対条件をお教えしましょう。それは次の給料日までとか、賞与支給日までとか、短期の「つなぎ」に限定することです。給与や賞与で返済しきれずに長期化してしまうと、おなじみの悲劇が待ち構えているわけです。

私が追証に追いまくられて苦労した時でも、消費者金融にだけは手を出さなかったのも同じ理由です。いつ返済できるかわからない借金を消費者金融からするのは、とても危険だと判断したからです。

消費者金融の金利が高いのはあたりまえです。大した審査もしない、担保も取らないでお金を貸すのですから。向こうはそれだけのリスクを負って商売しているわけです。

消費者金融の高金利で苦しむのは、高い金利を取っている消費者金融が悪いのではなく、短期で返済しなかった借り手に責任があるのです。もちろん、法定限度以上の高金利を取る業者、いわゆる「闇金」から借りた場合は別ですよ。

私と同じ会社で、消費者金融に追われて会社を辞めていった人を何人か見てきました。また、取立屋との応対をしたこともあります。あの人たちは朝駆けと言うのでしょうか、会社が始まる前の八時過ぎくらいに来ますね。さすがに仕事中には来ません。そういうルールなのでしょうか。私は出勤時間がわりと早く、始業時刻は九時なのに八時ごろ出社する習慣でしたので、たまたまそのような人たちを出迎えるはめになったわけですが、何とかお引き取り願うのが大変でした。

そんな経験も踏まえて、営業マン研修では「住宅ローンなどの長期借入金は毎月少しずつ返済すれば良いし、親から借りたお金なら場合によっては踏み倒すこともできる。しかし、消費者金融からの借金はそんなわけにいかない。このようなすぐ返さなければいけない借金は極力しないように」という話をしたものです。

営業マン研修の講師なら、本当は「損益分岐点の計算」や「限界利益の計算」について教えないといけないのですが、そういうことはほったらかしにして「借金の仕方」とか「株を買え」とかそんな話ばかりしましたら、講師の依頼は二度と来なくなりました。

別に構わないというか、よけいな仕事が来ないのでむしろ好都合なのですが、でも借金の話って大切だとお思いになりませんか。大切なことなのに、学校でも会社でもあまり教えないんですよね。

消費者金融に追われて退職した人たちも、別に仕事ができないわけではありませんでした。借金との付き合い方を知らなかったばかりに、辞めざるを得なくなってしまったのです。本人にとっても悲劇だし、会社にとっても損失ですよね。

もう一度繰り返します。「借金は長く借りて少しずつ返せ」

◉保険の掛け過ぎは見直すべし

少ない給料の中から、生活費の他に投資資金まで捻出しなければならない身としては、貯金のし過ぎと保険の掛け過ぎは、厳につつしまなければいけないことなのですが、今回、この本を書くにあたって自分の掛けている保険を見直してみましたところ、こんなに保険料を払っていたのかと、驚いてしまいました。

私が現在掛けている保険の一覧。火災保険は一括払いのため除く

保険の種類	保障	保険料(年間)	備　　考
終身生命保険	1,000万円	円 164,820	満期返戻金有り
個人年金保険	80万円/年	155,628	満期後10年間年金受取
団体生命保険	1,500万円	89,364	掛け捨て
団体所得保障保険	15万円/月	66,600	掛け捨て
団体交通障害保険	300万円	2,760	掛け捨て
自動車保険	無制限	56,400	掛け捨て
賠償責任保険	3,000万円	1,740	掛け捨て
ホールインワン ゴルファー保険	30万円	8,840	掛け捨て
合　計		546,152	

我々サラリーマンの場合、会社で掛け捨ての団体保険に加入することがよくありますが、この保険は比較的保険料が安いので、私の場合も三種類の掛け捨て団体保険に会社で加入していま す。その他に義理もあって、個人で二種類の生命保険に入っていますが、どちらも貯蓄性を重視して、途中で死んでもたいしてもらえない代わりに、うまく死なずにいけば満期時にたくさん返ってくるような保険を選んで、保障は会社の掛け捨て保険で満期返戻金は個人の保険でと、うまくバランスを

とっていたつもりだったのですが、実際によく調べてみると、年に五四万六一五二円も保険料を支払っていることがわかりました。

どの保険も、一〇年以上加入しているものばかりなので、この一〇年間で五四六万円も払ったことになり、入社してすぐに加入したものもありますので、今までに一〇〇〇万円近くの保険料を支払ってきたことになります（表参照）。

二三年前に二ヶ月程入院したことがあり、その時に所得保障保険を三十万円受取ったことがありますが、それ以外では死亡したこともホールインワンをしたこともありませんので、保険金は受取っていません。損害保険はある程度しようがないと思いますが、その他の保険に関しては内容をよく見直して、無駄のないようにしなければいけないとおおいに反省しています。

私のように保障を小さく抑えていても、このような保険料になってしまうのですから、保障を大きくされている方は、かなりの保険料を支払っているのではないでしょうか。給与天引きになっていたりすると、月々の保険料の多さにあまり気がつきませんが、一〇年以上の期間で見てみると、大変な負担になっていることがわかります。扶養家族が多いか少ないなど保険の必要性は個人個人異なると思いますが、保険を掛け過ぎていないかどうか、ぜひ見直して下さい。特に死亡保障を大きくされている方、要注意です。

次に、これは生命保険会社の営業姿勢に対しても強く文句を言いたいところなのですが、満期後の清算金受取額（予想額）が、大幅に減額になっていても何の説明もないことに将来に対する不安と憤りを感じています。

私が三三歳の時、保険に入る時に保険会社から終身保険の設計書なるものを渡されました。そこには、保険料の支払いが満了した時と、七五歳、八五歳での積立配当金の額が示されていました。それから八年後に途中経過の報告を求めた時にも同様に配当金を予想した資料をもらい、最近では毎年一回資料が家に送られてきます。

それによると、この資料が送られてくるたびに、清算時に受取れる配当金の額が大幅に減っているのです。

つまり、契約時の予想では、八五歳で三七四八万円の配当金を受け取れる予定でしたが、八年後には八三歳で一八二六万円とほぼ半額になり、現在では配当金はほとんど期待できない状態になっているということなのですが、問題なのはこれほどの大きな変化ごとに対して保険会社からは何の説明もないことです。これでは老後の生活設計もなにもあったものではありません。

もちろん利回り確定物ではない以上、予定が狂うことはあって当然であり、これに対して保険会社に責任をとってくれというつもりは毛頭ありませんが、これだけ大きく狂えば契約者に対する説明責任があると思うのですが、年に一回資料が郵送されて来るだけで、他には何の説明もありません。

説明がないので詳しくはわかりませんが、一九年間加入していて配当金の現在残高が五万一六二八円しかないのですから、八五歳で三七四八万円受け取れるはずだった配当金は、ほとんど受け取れないと考えておくべきなのでしょう。

生命保険会社の程度の低さにはまったくあきれるばかりです。

現在掛けている保険を自分自身で見直しして、掛けすぎていないか、特約等の内容が重複していないか、よくチェックして解約すべきものは速やかに解約して、無駄な保険料を払わないように努めてください。私のように保険料を一〇〇〇万円近くも払ってしまってから反省しても遅いですよね。

第四章
今、なぜ『サラザイ』なのか

◉地域社会に、そして国家に貢献できる『サラザイ』

日本国民の金融資産は一四〇〇兆円もあるそうですが、その多くは預貯金や国債に回っています。しかし、銀行預金はいずれペイオフが解禁になるでしょうし、国債にしてもこれだけ発行額が増えればリスクがまったくないとは考えられません。

したがって、これからは日本国民も自己責任でリスクとリターンを管理し、自分のお金を運用していくことが絶対必要になってきます。ところが、困ったことに我々日本人のほとんどは、投資や資金運用について教師からも親からも教わったことがありません。そればかりか、株式投資などについて罪悪のように考えている人がまだまだ多いようです。

「株式市場をよく知らない」「株のことがわからない」という人が、中高年になって急に投資をすると、大やけどを負う結果になりかねません。若いころと違って貯蓄や退職金で資金が多くなっている分、ケガも大きくなるし、挽回するチャンスは逆に少なくなっているのです。株式投資というのはおたふく風邪に似ていて、若いうちに経験しておけばダメージも小さくて済みますが、中高年になって初めて経験すると、失敗した時のダメージが大きくて再起不能に陥る可能性がきわめて高いのです。

できるだけ若いころから株式投資に馴染んでおき、失敗した時の痛みを、身をもって経験しておくことが大切です。ワクチン注射のようなものですかね。

そして、個人金融資産一四〇〇兆円の一割でも二割でも株式市場に回れば、日本全体のお金がうまく回転するようになって、景気も回復し、失業率も低下して日本全体が元気になる、するとまた株が上がって……という「繁栄のスパイラル」に入っていくわけです。

また、前にも述べましたが、「自分とお金の共稼ぎ」がうまくいけば、妻はボランティア、夫は寄付で世の中に貢献できて、潤いのある社会が築かれていきます。しかも『サラザイ』では、まず本業に精を出すのが鉄則ですから、これほど社会に有益無害なものはないのではないでしょうか。

◉『サラザイ』は自分への投資です

ダーウィンは進化論のなかで説いています。

「生き残る生物は、強いもの賢いものではなくて、環境の変化に対応できるものだ」

銀行や保険会社が経営破綻したり、預金金利が〇・〇何%であったりする時代を生き抜いていくためには、世の中の変化にうまく対応することが必要になります。東大を出ればお金持ちになれるという時代ではありませんよね。

日経新聞のテレビCMの細川君ではありませんが、マンガを愛読していた人が新聞の経済欄を読むようになることは、時代の変化に対応する自分を作るための大きなターニングポイントになると思います。そのきっかけとなるのは、やはり株式投資ではないでしょうか。

つまり株式投資は自分への投資でもあるわけで、このへんが競馬やパチンコなどのギャンブルと本質的に違うところです。ギャンブルでは、うまくいっても得られるのはお金だけでしょ。

また、最近会社の若手の後輩たちで、ゴルフをやらない人が増えています。

私は二六歳のときにゴルフを始め、三〇歳でゴルフクラブのメンバーになりました。他人より多めにゴルフをやっていたおかげで、ふだん親しく接することのできない人とも半日ゆっくりお付き合いする機会に恵まれ、仕事にも大いに役立ったと思います。

ゴルフ会員権を買うのには二三〇万円ほどかかりました。当時はマンションを買った直後でお金が全然なく、全額を銀行ローンで借りたため、返済が終わるまでの一〇年間は苦労したものです。しかし、ゴルフのおかげで人脈が広がったのですから、これも自分への投資です。

不動産投資はどうでしょうか。たとえば家やマンションを購入したとします。それを他人に貸し、自分は社宅にでも住んでいれば金銭的にはそれが一番メリットのある方法だと思いますが、でもそれでよいでしょうか。自分の家でゆったり暮らすのと社宅で窮屈に暮らすのとでは、長い年月の間に、暮らしぶりの違いが顔に表れてくるといいます。本当かどうか知りませんが、私はそれを信じます。

家を持つことも自分への投資なのです。

もはや終身雇用制度は崩壊していますから、会社に甘える生活は早いとこ切り上げましょう。『サラザイ』によって、うまくキャッシュフローを生み出せれば言うことはありません。そこまでいかなくても、『サラザイ』によるメリットは結構あるものです。

「全ての投資のなかで、もっとも価値のあるものは、自分に対する投資」と言われています。単なるお金儲けではなく、自分への投資という考え方から入ってみるのも良いのではないですか。

余談ですが…

日経新聞に「日経景気インデックス」というグラフが掲載されることがあります。

日経景気インデックス

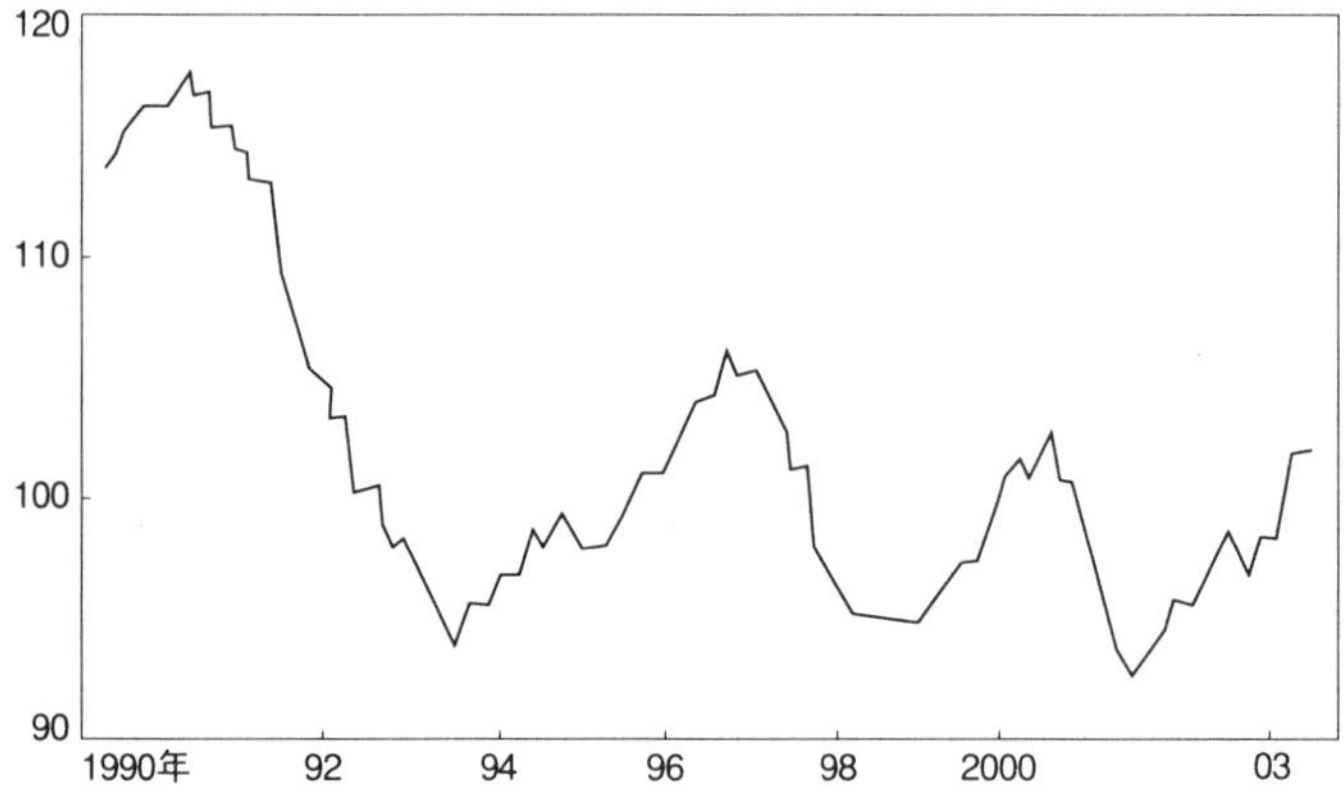

（注）2000年を100としてグラフ化
（出所）日本経済新聞社

これは景気の勢いと水準を表す指標で、鉱工業生産、商業販売額、有効求人倍率、所定時間外労働時間の四つの指標から「景気の波」を抽出した指標です。

よく、GDPが○・何％上がったとか下がったとか報道されますが、我々には何かピンと来ませんよね。日経景気インデックスのような指標を出してもらうと、景気動向がよく理解できます。

私は決して日経新聞の回し者ではありませんが、やはり日経新聞は読んでおかなければいけませんよ。

◉『サラザイ』で幸福な人生を実現しましょう

ここまで、私が経験してきたことを中心に、思いつくまま述べてきました。『サラザイ』は自分に役立つとか、社会に役立つとか、きれい事も書きましたが、『サラザイ』の本当の目的は何だと思いますか。

会社の先輩で、私が大変尊敬する人がいました。私よりも一回り年上の大先輩だったのですが、まあよく働く人で、忙しいとか疲れたとか一切言わない人でした。毎日遅くまで残業して、ほとんど毎週のように休日出勤して、ついには働き過ぎて心臓を傷めたりもしましたが、それでも仕事の手を抜かず、我々後輩の面倒もよく見てくれたものです。その人が、やっと定年になって、さあこれから人生を楽しめるという時に亡くなってしまいました。退職後、わずか二年足らずでした。

私の親類にも、ひたすら働いて体をこわし、現役時代に亡くなった人がいます。仕事のため、生活のため、お金のために、自分の貴重な時間や健康までも犠牲にして、人生を充分に楽しめずに死んでしまうことが、私はいやでいやでたまりません。

我々は、もっと真面目に「現世の幸福」を求めるべきだとつくづく思います。

ただし「現世の幸福」といっても、何を幸福と考えるかは人によって違いますよね。

贅沢な生活をすることに幸福を感じる方もいらっしゃるでしょうし、健康でいられることが一番幸せだと思う方もいらっしゃるでしょう。今までの人生や現在おかれている状況によって、人それぞれ違ってくると思いますが、要するに幸福だと感じる時間をたくさん持つことが「現世の幸福」なのではないでしょうか。だとすれば、仕事に追われて私生活を犠牲にしたり、やっと定年になったら健康を害してしまったり、人生を楽しむ前に亡くなってしまったのでは本当に残念ですよね。

できるだけ若いうちに『サラザイ』を成功させ、体が老化してガタが来ないうちにリタイアできる状況を作り出すこと、言い換えれば『サラザイ』で人生を楽しむ「時間」を買うことが、「現世の幸福」を求めることにつながるのではないでしょうか。つまり『サラザイ』の究極の目的は「現世の幸福」を求めることであり、『サラザイ』をうまく「ハピリタ」につなげて、人生の「時間」を買うことなのです。

さあ、みんなで、できるだけ早く、小金持ちになりましょう。

あとがき

『サラザイ』を志す者にとって、二〇〇三年はとてもよい年でした。

四月に日経平均で七六〇〇円前後をうろうろしていたのが、一〇月には一万一〇〇〇円を超える上昇で、どの株を買ってもほとんど儲かるという状況でした。私個人も、五月から一〇月までの半年でかなり資金を増やすことができました。

といってもサラリーマンの身の上です。もともと大した資金力があるわけでなし、一気に億万長者とはいきませんが、その第一歩くらいは踏み出せました。

ただしその後数ヶ月はマイナスの運用成績が続き、やはり「財テク」にリスクはつきものだと思い知らされています。

つまり、財テクで成功する鍵は「リスク」を負えるかどうか、そして「リスク管理」をうまくやれるかどうかにあるのです。我々サラリーマンは、生活を支えるだけの収入を本業で得ていますから、『サラザイ』で多少のリスクを負うくらいの冒険はできるはずです。必要以上の預貯金、必要以上の生命保険などは早く見直しましょう。預貯金はあの世まで持って行けませんし、ましてや生命保険は自分で受け取れないのですから。

偉い宗教家の先生でさえ「現世の幸福を求めるべき」と説いているくらいですから、我々も遠慮せずに『サラザイ』で明るい未来、幸福な老後を手に入れましょう。この本では、私が二十数年間にわたるサラリーマン生活で経験してきた財テクの成功例や失敗例を披露してきましたが、財テクの方法は他にもいろいろあります。

私の場合は資金も乏しかったので、手がけることのできる財テク方法は限られていましたが、この経験から得た結論としては、やはりサラリーマンは株を買わ

外国人投資家の日本株売買動向

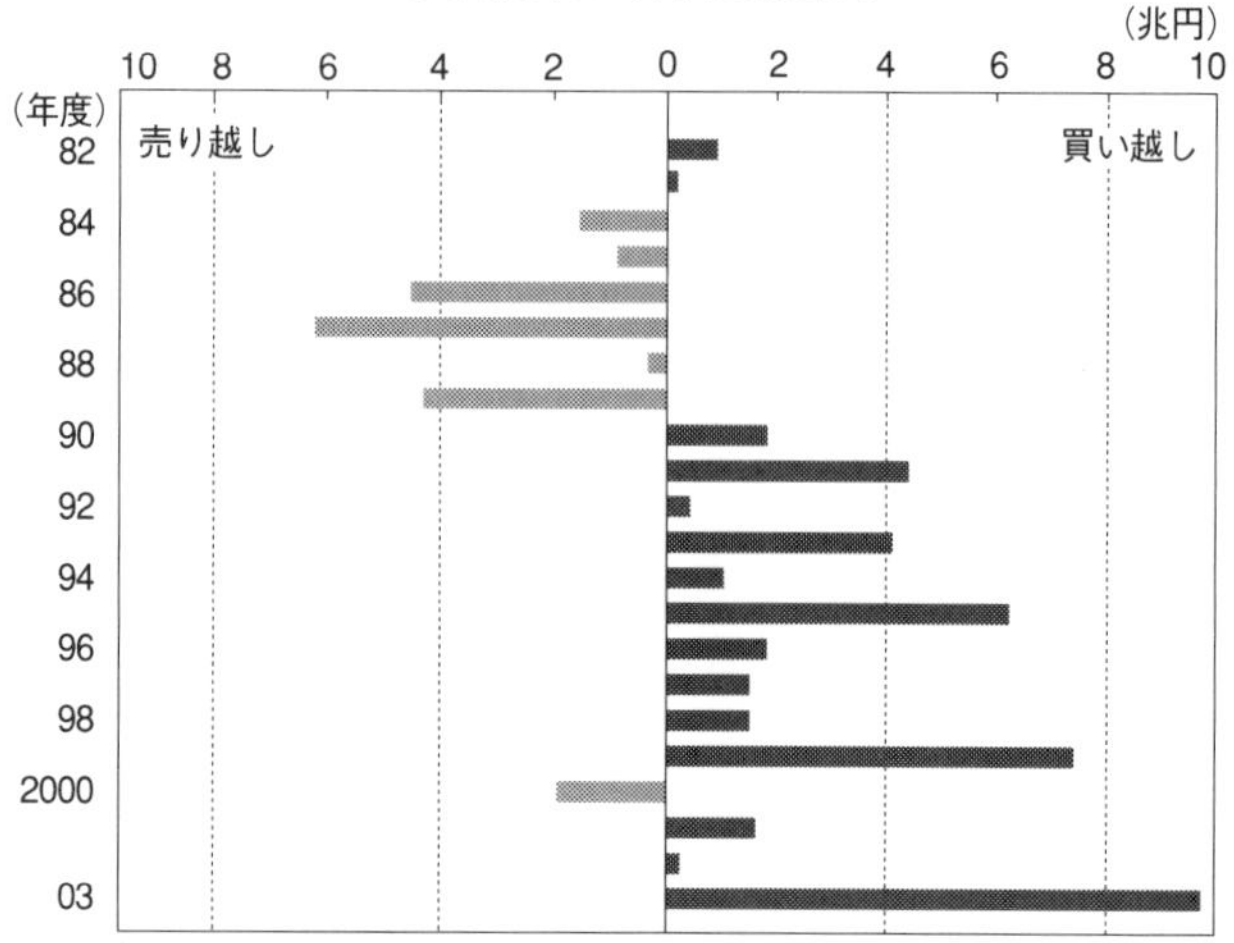

（注）2003年度は２月までの11カ月
（出所）東京証券取引所投資主体別売買動向
（東京・大阪・名古屋三市場一・二部合計）上は3/4発表分

ないと小金持ちになれないということです。短期的には損をすることもしょっちゅうありますが、辛抱強く続けていれば、二〇〇三年のように大儲けできるチャンスが必ず来ます。二〇〇四年に入って平均株価は一万〜一万二〇〇〇円台を行ったりきたりしていますが、一九八九年の暮れには三万八九一五円まで上昇していたのです。当時はバブル期だったとはいえ、あの時に比べると現在は三分の一以下のレベルであり、まだまだ値を戻す余地が大きいと考えられます。すでに、二〇〇三年四月の安値七六〇七円から五割も値上がりしています。株価は値上がり基調にありますから、大きなチャンスがまだまだ転がっているわけです。一九八九年の高値を永遠に抜けないということはあり得ません。

問題は「いつ抜くか」ということですが、早ければ三年で抜く可能性があると個人的には見ています。現在、東京市場の売買の約五〇％が外国人投資家によるものだそうです。右の表の通り、日本株に対する外国人投資家の買い意欲は増しており、二〇〇四年はその傾向が更に強まっているようです。

日本には一四〇〇兆円と言われる個人金融資産があるわけですが、何かのきっかけでこれが動き出したら大変なことになりますよ。その時、貯金ばかりしていて株を持っていなかったらどうなると思いますか。そのような状況では当然デフレからインフレへの転換も起こるでしょう。「株を持たざるリスク」が予想以上に大きくのしかかってきますから、その対策は立てておかなければなりません。インフレに強い資産は、何といっても株です。

これからも仕事に一生懸命はげみながら、時代にあった財テクを研究して『サラザイ』の道を究めていく所存です。新しい研究成果が得られましたら、また皆様にご報告させていただきたいと思います。皆様からもいろいろとアドバイスをいただければ幸いです。

私はこの本の著者ではありますが、読者の皆様に対して「teach」ではなく「Let's study together.」の気持ちでこの本を書きました。これから末長くお付き合いさせていただきたいとの思いを込めたつもりです。

私の提唱する『サラザイ』は、マージャンと違って参加者全員が勝つことが可能ですし、勝者が多ければ多いほど大勝ちできる性質のものです。

私と同じ境遇のサラリーマンの皆様、『サラザイ』の成功に向けて一緒に頑張りましょう。会社のお仕事だけに専念するのではなく、「財テク」をもう一つの仕事と考え、一生懸命「現世の幸福」を追求してください。

また、私とは立場が違いますが、悠々自適の方や主婦の皆様もぜひ「更財」で頑張ってください。投資環境は時々刻々と変わりますので、新しい情報の収集がとても大切になりますが、それ以上に大切なのは自分で情報を発信することです。情報を発信しない所に情報は集まって来ません。

近頃の若い方々が、ご自分のホームページを開設したり、あるいは相手のホームページに書き込みをしたり、インターネットを利用して手軽に情報発信しているのを見て、未だにそのような手段を持たないアナログ人間の私は大変うらやましく感じています。

あるいはこの本を読まれた方が読後の感想や意見を投書する。情報を受ける対象が限定的ではありますが、これも情報発信のひとつです。

私は、今後もこのような形でどんどん情報を発信していきます。皆様もどうか積極的に情報を発信してください。みんなで情報交換の輪を広げていきましょう。

『サラザイ』の成功者となるために。

LET'S STUDY TOGETHER.

二〇〇四年九月

岩井　健

参考文献・資料

「日本経済新聞」日本経済新聞社

「週刊ダイヤモンド」（二〇〇三年十一月八日号、二〇〇四年三月十三日号）ダイヤモンド社

「週刊東洋経済」（二〇〇三年十二月二十日号、二〇〇四年一月二十四日号・三月六日号）東洋経済新報社

「ジャパニーズ・インベスター」第四〇号　フィナンシャルメディア

ミサワリゾート法人ＭＲ通信ＶＯＬ18

著者プロフィール

岩井 健（いわい けん）

1952年、東京都世田谷区生まれ。
大学卒業後、一部上場のメーカーに入社。
現在、同社の中間管理職として奮闘しながら豊富な財テク経験を基に執筆活動中。
趣味：ゴルフ　温泉旅行
夢：軽井沢に別荘を持つこと

サラリーマンによるサラリーマンのための財テク教本
サラザイ　「苦《ク》ローン人間」から「小金持ち」へ、華麗なる変身のすすめ

2004年9月15日　初版第1刷発行

著　者　岩井　健
発行者　瓜谷 綱延
発行所　株式会社文芸社
〒160-0022　東京都新宿区新宿1－10－1
電話　03-5369-3060（編集）
03-5369-2299（販売）

印刷所　東洋経済印刷株式会社

ISBN4-8355-7913-5 C0095